Das hyperaktive Kind und das Kind mit Lernstörungen

Paul H. Wender & Esther H. Wender

Das hyperaktive Kind und das Kind mit Lernstörungen

Ein Handbuch für Erzieher, Kinderärzte und Psychologen

Bearbeitet und mit einem Vorwort versehen von Walter Eichlseder

Otto Maier Verlag Ravensburg

CIP-Kurztitelaufnahme der Deutschen Bibliothek

Wender, Paul H.:
Das hyperaktive Kind und das Kind mit Lernstörungen:
e. Handbuch für Erzieher, Kinderärzte u. Psychologen /
Paul H. Wender u. Esther H. Wender.
Bearb. u. mit e. Vorw. vers. von Walter Eichlseder.
[Aus d. Amerikan. übers. von Elisabeth u. Wolfgang Schmidbauer
u. Walter Eichlseder.]. –
Neue, rev. u. erw. Aufl. – Ravensburg: Maier, 1980.
   Einheitssacht.: The hyperactive child and the learning disabled child ‹dt.›
   1. u. 2. Aufl. u. d. T.: Wender, Paul H.: Das hyperaktive Kind.
ISBN 3-473-60439-9
NE: Wender, Esther H.:; Eichlseder, Walter [Bearb.]

Die amerikanische Originalausgabe erscheint unter dem Titel »The hyperactive child and the learning disabled child« bei Crown Publishers, Inc., New York
© 1978 by Paul H. and Esther H. Wender
Aus dem Amerikanischen übersetzt von Elisabeth und Wolfgang Schmidbauer und Walter Eichlseder
Alle Rechte der deutschsprachigen Ausgabe liegen beim Otto Maier Verlag Ravensburg 1980
Neue, revidierte und erweiterte Auflage des Buches »Das hyperaktive Kind«
Einbandgestaltung: Walter Emmrich
Satz: Bauer & Bökeler, Denkendorf
Gesamtherstellung: Manz AG, Dillingen
Printed in Germany 1980
ISBN 3-473-60439-9

Inhalt

Vorwort zur deutschsprachigen Ausgabe 7

Vorwort zur revidierten und erweiterten Auflage 9

Einleitung 11

Eigenschaften des hyperaktiven Kindes 13
Übertriebener Tätigkeitsdrang – Die Hyperaktivität im engeren
Sinn des Wortes 14
Störungen der Aufmerksamkeit und Ablenkbarkeit 16
In Anspruch nehmendes Verhalten 17
Impulsivität 18
Schulschwierigkeiten 20
Koordinationsschwierigkeiten 23
Widerspenstiges und herrschsüchtiges Verhalten 23
Emotionale Schwierigkeiten 25
Unreife 27
Wandel der Symptome mit dem Alter 28

Die Ursachen der Hyperaktivität 31
Ursachen der temperamentsbedingten Schwierigkeiten 31
Wesen und Auswirkungen der Temperamentsprobleme 38

Die Entwicklung des hyperaktiven Kindes und sein späteres
Schicksal 47

Die Behandlung des hyperaktiven Kindes 53
Medikamentöse Behandlung 55
Diät-Behandlung 73
Psychologische Behandlung 75
Die Behandlung häufiger Probleme des hyperaktiven Kindes . . 99

Schulische Hilfen 107
Spezielle Probleme des hyperaktiven Adoleszenten 110
Zusammenfassung 111

Lernstörungen: Beschreibung und Hilfemöglichkeiten 112

Wo findet man Hilfe? 125
Wer hilft bei Lernstörungen (einschließlich Legasthenie)? 128

Vorwort
zur deutschsprachigen Ausgabe

Es ist ein Beweis für die Qualität eines Buches und seine Notwendigkeit, wenn es in kurzer Zeit zum 3. Mal aufgelegt werden muß. Beides trifft für dieses außerordentliche Werk der beiden Wenders zu. Es hat im deutschen Sprachraum nicht seinesgleichen. Und es ist dringend notwendig angesichts eines Problems, das für den Kinderarzt auch hierzulande die am häufigsten vorkommende Verhaltensstörung ist. Als Kinderarzt bin ich den Autoren und dem Verlag dankbar dafür, uns diese Hilfe für die betroffenen Kinder und deren Eltern zur Verfügung gestellt zu haben. Wir brauchen sie, denn ein noch so ausgedehntes Eltern-Arzt-Gespräch kann nie die ausführliche Information bieten, die den Eltern als den Haupt-Verantwortlichen und Mit-Leidtragenden zusteht.

Professor Wender, Kinderpsychiater, und seine Frau, Kinderärztin, befassen sich seit über 10 Jahren speziell mit dem hyperaktiven und lerngestörten Kind: Ihre eigenen bedeutenden Arbeiten auf dem Gebiet der Grundlagenforschung dieser Störung sowie die ausgedehnten klinischen Erfahrungen an vielen Hundert solcher Kinder bilden den Hintergrund dieses Buches.

Die profunde Fachkenntnis der Autoren verleiht dem Buch ein höchstes Maß an Kompetenz. Der klare Stil, verbunden mit der außerordentlichen Fähigkeit, verwickelte Dinge übersichtlich darzustellen, die schonungslose Offenheit, mit der nicht gelöste Probleme erörtert werden, und schließlich die wohltuende menschliche Wärme lassen die Lektüre zu einem Vergnügen werden.

Aus diesem Grund ist das Buch, obwohl für Eltern abgefaßt, auch für den Leser, der sich aus fachlicher Notwendigkeit mit diesen Kindern zu befassen hat – Kinderärzte, Kinder- und Jugendpsychiater, Lehrer, Psychologen, Jugendrichter und andere, im sozialfürsorgerischen Bereich Tätige –, die einzige zuverlässige und erschöpfende Quelle in deutscher Sprache, wo er sich über das hyperaktive und lerngestörte Kind informieren kann. Dieser fachlich geschulte Leserkreis muß na-

türlich in Kauf nehmen, daß die für den Laien – die Eltern – nicht so wichtigen Fragen der Ätiologie, Pathogenese, Neurophysiologie, Diagnostik und Medikation sowie die noch sehr kontroversen Fragen der Begriffsbestimmung, Definition und Nomenklatur und natürlich Literaturhinweise nicht so ausführlich behandelt sind.
In der Übersetzung wurden die Verhältnisse im deutschen Sprachraum berücksichtigt. So wurden weggelassen die Schwierigkeiten, die sich beim Erlernen der englischen Sprache ergeben; Medikamente, die in den USA verschrieben werden; Hilfsmöglichkeiten, die amerikanischen Eltern zur Verfügung stehen. Dafür hat freundlicherweise Dr. Edith Klasen, Dipl. Psych. und Fachpsychologin für klinische Psychologie, BdP, eine Liste der Möglichkeiten, wo Lerngestörten auf pädagogisch-psychologischem Wege geholfen werden könnte, zur Verfügung gestellt.

Ein Wort zur Benennung.

In den USA, wo diese Verhaltensstörung seit mehr als 3 Dezennien erforscht und mit Erfolg medikamentös behandelt wird, wurden einmal 38 verschiedene Benennungen dafür gezählt, ein Zeichen für die großen Schwierigkeiten, das Wesen dieser Störung abzustecken. In Deutschland hat sich dafür als Folge meiner in ärztlichen Fachzeitschriften publizierten Erfahrungsberichte seit 1974 das Wort »hyperkinetisches Syndrom« eingebürgert. Viele Ärzte bevorzugen den Begriff »minimale zerebrale Dysfunktion«. Beides ist praktisch identisch mit dem von den Wenders vorgestellten »hyperaktiven Kind«.

Dr. Walter Eichlseder
Facharzt für Kinderkrankheiten,
München

Vorwort
zur revidierten und erweiterten Auflage

1973 erschien eine erste Version dieses Buches, *Das hyperaktive Kind*, geschrieben von Paul H. Wender. Während all der Jahre, in denen wir hyperaktive Kinder behandelten, wurde uns klar, daß die Eltern solcher Kinder zusätzliche Informationen brauchen über die Natur, die Ursachen und die Behandlung hyperaktiver Kinder und daß es kein Buch gab, welches solche Einzelheiten in einer für den betroffenen Laien geeigneten Weise anbietet. Um diesem Bedürfnis nachzukommen, wurde nun *Das hyperaktive Kind* geschrieben. Grundlage waren die Erfahrungen in Klinik und Forschung, die schon vorher in einem Buch für Ärzte und andere Fachleute zusammengefaßt worden waren (Paul H. Wender, *Minimal Brain Dysfunction in Children*, New York, Wiley, 1971).
Seither haben wir mehr über die Hyperaktivität gelernt. Eine wichtige Erkenntnis war, daß häufig Lernstörungen damit verbunden sind. Deshalb wurden in dieser neuen Version des Buches in beträchtlichem Maße Einzelheiten über die Lernstörungen mit aufgenommen. Wir möchten jedoch betonen, daß das nicht bedeutet, daß diese Störungen immer zusammen vorkommen. Deshalb wird für einige Eltern das ganze Buch von Bedeutung sein, für andere nur die Abschnitte über die Hyperaktivität und für wieder andere nur die über Lernstörungen.
Auch zur medizinischen und psychologischen Behandlung der Hyperaktivität wurden inzwischen aus Forschung, Klinik und Praxis wertvolle Beiträge erbracht. Während die Originalversion dieses Buches nur von einem Autor, Paul H. Wender, verfaßt war, stammt der größte Teil an Information über Lernstörungen sowie über neue psychologische Verfahren in der Behandlung der Hyperaktivität von Esther H. Wender, die sich als Kinderärztin seit 10 Jahren der Spezialbehandlung hyperaktiver und lerngestörter Kinder widmet. So gesehen, ist dieses Buch, auf den letzten Stand des Wissens gebracht und erweitert, die Frucht gemeinsamen Bemühens.

Wir widmen dieses Buch den hyperaktiven und den lerngestörten Kindern und ihren Familien in der Hoffnung, daß mehr Einsicht in diese häufig mißverstandenen Störungen im Kindesalter zu einer besseren Behandlung führen mögen.

Dr. med. Paul H. Wender
Dr. med. Esther H. Wender
Salt Lake City, Utah, USA

Einleitung

In den Vereinigten Staaten gibt es wahrscheinlich fünf Millionen hyperaktive Kinder. Hyperaktivität ist die häufigste Verhaltensstörung, die der Kinderpsychiater zu sehen bekommt. Obwohl sie bereits vor vielen Jahren von Ärzten beschrieben wurde, haben wir doch erst vor kurzem ihre Häufigkeit erkannt. Wir haben keine genauen Zahlen, aber schätzungsweise leiden bis zu fünf Prozent aller Kinder im Schulalter unter Hyperaktivität, häufig begleitet von Lernstörungen. Obgleich sowohl Hyperaktivität als auch die Lernstörungen bei Buben viel häufiger vorkommen, beobachten wir sie auch bei Mädchen. Mit der zunehmenden Einsicht in das Problem entwickelte sich auch ein besseres Verständnis seiner Ursachen und seiner Behandlung. Zweck dieses Buches ist, die Eltern über den gegenwärtigen Stand des Wissens von dieser Störung und die besten Techniken ihrer Behandlung aufzuklären. Es soll natürlich ein Hilfsmittel sein und kein Ersatz für Diagnose und Behandlung durch einen erfahrenen Arzt. Es beantwortet die am häufigsten auftauchenden Fragen und beschreibt einige einfache Maßnahmen, die viele Eltern beim Umgang mit ihrem hyperaktiven Kind als hilfreich empfunden haben.

Obgleich man üblicherweise die mit den Lernstörungen kombinierten Probleme und die die Hyperaktivität charakterisierenden Verhaltensauffälligkeiten als zwei verschiedene Dinge betrachtet, kommen sie öfter zusammen vor als getrennt. Es ist jedoch sinnvoll, diese beiden Störungen als getrennte Einheiten zu betrachten, und zwar aus mehreren Gründen. Erstens haben nicht alle hyperaktiven Kinder diese Wahrnehmungs- und Denkschwierigkeiten, wie sie den lerngestörten eigen sind, und nicht alle Kinder mit dieser Art Lernstörung haben die Verhaltensprobleme hyperaktiver Kinder. Zweitens ist die Behandlung der Verhaltensstörungen des hyperaktiven Kindes verschieden von der der Lernschwierigkeiten. Deshalb werden wir diese beiden meist getrennt voneinander besprechen.

Kindliche Hyperaktivität ist unter vielen verschiedenen diagnostischen Bezeichnungen bekannt. Die meisten davon betonen entweder charakteristische Aspekte des kindlichen Verhaltens oder verschiedene Theorien über den Ursprung der Hyperaktivität. Solche Synonyme für Hyperaktivität sind »Reifungsverzögerung«, »hyperkinetische Reaktion«, »Unreife des Nervensystems«, »perzeptuomotorische Schwierigkeiten«. Zwei Bezeichnungen für Hyperaktivität, die von Eltern oft mißverstanden werden, sind »leichte Funktionsschwäche des Gehirns« und »leichte zerebrale Störung«. Wir hoffen, daß diese Begriffe im Laufe unserer Erörterung geklärt werden. Schließlich sind zwei ziemlich verbreitete Bezeichnungen in der Regel unrichtig, nämlich »leichte Gehirnschädigung« und »leichter Gehirnschaden«. Obwohl wir die Ursachen der Hyperaktivität später behandeln werden, möchten wir schon jetzt betonen, daß die meisten hyperaktiven Kinder *nicht* hirngeschädigt sind.

Die Ausdrücke »hyperaktiv« und »Hyperaktivität« beziehen sich auf alle diese Zustände.

Dieses Buch faßt unsere Beobachtungen und Erfahrungen bei der Behandlung mehrerer Hundert lerngestörter Kinder über eine Zeitspanne von mehr als 10 Jahren hinweg zusammen. Darüber hinaus enthält es Informationen aus der medizinischen Literatur – die wichtigsten Erfahrungen und Entdeckungen anderer Ärzte.

Bei der Abhandlung unseres Themas werden wir die Wörter »einige«, »manche«, »häufig«, »viele«, »die meisten« sehr oft verwenden. In der Medizin kann man Wörter wie »immer«, »jeder« oder »niemals« selten gebrauchen. Die Verschiedenheit der Menschen untereinander ist im Alltagsleben reizvoll, in der Medizin dagegen ein komplizierender Faktor. Wir hätten nichts dagegen, wenn wir die Wörter »immer« oder »niemals« verwenden könnten, aber wir sind selten dazu in der Lage. Die Annäherung an das Thema wird auf diese Weise erschwert, aber das entstehende Bild ist um so realistischer.

Abkürzungen:
HA = Hyperaktivität   ha = hyperaktiv(e, n)
LS = Lernstörungen, -schwierigkeiten   ls = lerngestört(e, n)

Eigenschaften des hyperaktiven Kindes

Es ist in gewisser Weise schwierig, die Eigenschaften eines ha Kindes zu beschreiben – nicht weil sie außergewöhnlich sind, sondern weil viele Symptome bei allen Kindern zu bestimmten Zeiten bis zu einem bestimmten Ausmaß beobachtet werden können. Die Eltern, die dieses Buch lesen, können leicht zu der Ansicht kommen, alle ihre Kinder seien ha. Wir möchten deshalb von Anfang an betonen, daß die aufgezählten Eigenschaften an sich nicht anomal sind; sie sind es nur, wenn ihr Ausmaß weit über den Durchschnitt hinausgeht. Ha Kinder sind durch die Intensität, die Hartnäckigkeit und die besondere Ausprägung dieser Symptome gekennzeichnet.
Natürlich darf dieses Kapitel nicht zur Diagnose benützt werden. Nur der Praktiker, der viele Kinder untersucht hat, kann mit Sicherheit entscheiden, ob ein bestimmtes Kind ha ist. Eltern, die die Diagnose selber stellen wollen, gleichen Medizinstudenten, die nach dem Lesen von Krankheitssymptomen in ihren Büchern glauben, sie hätten sich im Zeitraum weniger Wochen Pocken, Aussatz und Krebs zugezogen (glücklicherweise erholen sie sich davon schnell wieder). Eltern, die vermuten, daß ihr unstetes, schlecht konzentriertes, leicht ablenkbares und sie in Anspruch nehmendes Kind ha sein könnte, sollten die Dienste eines kompetenten Spezialisten in Anspruch nehmen und seine Entscheidung, ob tatsächlich eine Behandlung angezeigt ist, annehmen.
Schließlich möchten wir auch noch betonen, daß die hier vorgelegte Liste von Eigenschaften sehr umfassend ist und deshalb manche Symptome enthält, die nicht unbedingt bei allen ha Kindern auftreten.

Übertriebener Tätigkeitsdrang –
Die Hyperaktivität im engeren Sinn des Wortes

Die auffallendste Unregelmäßigkeit ist, wie der Name Hyperaktivität sagt, der übertriebene Tätigkeitsdrang. Vielfach waren solche Kinder von früher Kindheit an außergewöhnlich aktiv. Die Eltern berichten oft, daß das Kind von Anfang an »anders« gewesen sei. Diese Säuglinge sind häufig unruhig, haben Ernährungsprobleme und fallen durch periodisches, unerklärliches Schreien auf. Sie neigen zu Schlafschwierigkeiten der verschiedensten Art; manche Kinder schlafen spät und schwer ein, wachen häufig auf und sind frühmorgens schon wieder munter; andere fallen in tiefen Schlaf, und man kann sie kaum aufwecken.

Wenn diese Säuglinge ins Krabbelalter kommen, sind sie oft wahre Energiebündel. Die Eltern berichten, daß das Kind nach unstetem und aktivem Säuglingsalter frühzeitig stand und ging und dann, wie ein kleiner King Kong, die Gitterstäbe seines Bettchens zerbrach und sich daranmachte, das Haus zu ruinieren. Es war immer unterwegs, immer stellte es etwas an, faßte jeden Gegenstand in Sichtweite an und machte ihn – meistens aus Versehen – kaputt. In einem unbewachten Augenblick gelang es ihm irgendwie, auf den Kühlschrank zu steigen, oder es tauchte plötzlich mitten im Straßenverkehr auf. Im Nu flogen Töpfe und Pfannen aus den Schränken, Aschenbecher von den Tischen und Lampen lagen umgestürzt am Boden. Die Mutter hatte meist das nicht unbegründete Gefühl, es bedeute Unheil, das Kleine auch nur einen Augenblick aus den Augen zu lassen; sobald sie ihm den Rücken zuwandte, war etwas kaputt oder sein Leben in Gefahr.

Wenn das ha Kind älter wird, ändern sich die Schilderungen: Es ist in unablässiger Bewegung, wie von einem Motor angetrieben, beständig zappelt es, trommelt mit den Fingern, klopft mit den Füßen. Es bleibt bei keiner Tätigkeit lang. Es zieht all sein Spielzeug hervor, spielt mit jedem für einen Augenblick und legt es weg. Es kann nicht längere Zeit zeichnen. Man kann ihm nichts vorlesen, weil es schnell das Interesse verliert. Natürlich ist es nicht imstande, bei Tisch ruhig zu sitzen; nicht einmal der Fernsehapparat kann seine Aufmerksamkeit fesseln. Beim Autofahren bringt es die anderen Insassen zur Verzweiflung: Es öffnet und schließt Aschenbecher, kurbelt die Fensterscheiben herunter, macht sich mit den Sicherheitsgurten zu schaffen und stößt die Insassen auf den Vordersitzen. In der Schule beklagt sich der Lehrer, daß das Kind nervös ist und den Unterricht stört: Es kann nicht auf seinem Platz sitzen bleiben, sondern steht auf und geht im Klassenzimmer herum, spricht laut und macht Unfug; es stößt, behindert und ärgert seine Mitschüler. Manchmal ist das ha Kind so über-gesprächig wie über-aktiv; es spricht pausenlos, während es herumgeht.

Es ist wichtig zu betonen, daß sich das Aktivitätsniveau des ha Kindes während des Spiels nicht von dem des normalen Kindes unterscheidet. Allen Kindern gegenüber wirken Erwachsene wie Faultiere. Auf dem Spielplatz kann man das ha Kind nicht unter anderen herausfinden; seine Höchstgeschwindigkeit übertrifft die anderer Kinder nicht. Charakteristisch für das ha Kind ist, daß es seinen »Motor« nicht für längere Zeit abschalten kann, wenn man es von ihm verlangt. Im Vergleich zu anderen Kindern kann es seine Aktivität zu Hause oder in der Schule nicht hemmen. Doch muß man sich ebenso vor Augen halten, daß das ha Kind nicht *immer* in Bewegung sein muß. Manchmal kann es verhältnismäßig still sitzen. Vor allem ist das – aus welchem Grunde auch immer – der Fall, wenn ein Erwachsener ihm individuelle Aufmerksamkeit zukommen läßt. Ich muß daran erinnern, weil sich manchmal Menschen zu einem falschen Urteil über das Kind verleiten lassen, wenn es zehn bis fünfzehn Minuten mehr oder weniger ruhig vor ihnen sitzt. Sie sehen ihren Irrtum für gewöhnlich ein, wenn sie die Zeit auf eine Stunde auszudehnen versuchen.

Zwei zusätzliche Hinweise zur Hyperaktivität sind wichtig:
1. *Nicht alle ha Kinder sind übermäßig aktiv!* Es gibt einige wenige Kinder, die viele von den später zu behandelnden Problemen haben, aber durchaus nicht übermäßig aktiv sind. Und es gibt sogar einige, die weniger aktiv sind als es normal der Fall ist. Offensichtlich ist »Hyperaktivität« hier keine exakte Bezeichnung für normal aktives oder träges Verhalten, aber der Terminus ist nun einmal eingeführt, und deshalb muß nachdrücklich betont werden, daß *alle anderen Symptome ohne eigentliche Hyperaktivität vorhanden sein können.*
2. Es muß darauf hingewiesen werden, daß die Hyperaktivität oft als erstes Symptom verschwindet, wenn das Kind älter wird. Oft dauern die anderen Probleme an. Die Tatsache, daß das Kind früher einmal übermäßig aktiv war, dies aber jetzt nicht mehr ist, bedeutet deshalb noch nicht, daß alle Schwierigkeiten gelöst wären. Eine Anzahl ande-

rer Probleme dauert vielleicht an und erfordert Behandlung, obwohl die Hyperaktivität selbst verschwunden ist.

Störungen der Aufmerksamkeit und Ablenkbarkeit

Ein weiteres Kennzeichen des ha Kindes, das man fast immer antrifft, ist die leichte Ablenkbarkeit oder eine sehr kurze Aufmerksamkeitsspanne. Dieses Symptom liegt nicht so offen zutage wie die Hyperaktivität, hat aber größere praktische Bedeutung. Das ha Kind hat keine Ausdauer.

Kleine Kinder sind im Vergleich zu Erwachsenen nur schlecht imstande, sich zu konzentrieren und lange, mühsame Aufgaben durchzuführen. Das ha Kind benimmt sich nicht seinem Alter entsprechend, sondern wie ein jüngeres Kind. Es ist das Gegenteil von dem Kind, das still in einer Ecke sitzt, geduldig ein Puzzle legt und keine Störung duldet. Im Krabbel- und Kindergartenalter stürzt sich das ha Kind begeistert von einer Tätigkeit in die andere und weiß zuletzt nicht mehr, was es tun soll. In der Schule berichtet der Lehrer: »Man kann das Kind nicht für längere Zeit dazu bringen, aufmerksam zu sein ... es macht seine Arbeiten nicht fertig ... es vergißt, was man ihm sagt.« Daheim stellt die Mutter fest: »Es hört nicht lange zu ... es kümmert sich nicht ... es erinnert sich nicht.« Die Eltern müssen dauernd auf das Kind aufpassen, damit es tut, was sie wünschen. Wenn man es einmal bittet, mit der Gabel zu essen und nicht mit den Händen, gehorcht es, aber ein paar Sekunden später ißt es wieder mit den Händen. Es fängt mit seiner Hausaufgabe an, wie es sich gehört, macht sie aber nicht fertig, wenn die Eltern nicht drängeln. Es mißachtet ihre Anweisungen nicht unbedingt, aber mitten in einer ihm aufgetragenen Arbeit fängt es etwas anderes an. Begonnene Aufgaben bleiben halbfertig liegen, das Zimmer ist nur halb aufgeräumt, der Rasen ist nur halb gemäht. Manchmal scheint sich das Kind, wie später zu erörtern sein wird, zu erinnern, will aber dennoch nicht gehorchen; dann wieder wird es offensichtlich von der Aufgabe abgelenkt und vergißt sie.

Wichtig ist der Hinweis, daß Ablenkbarkeit – wie der übertriebene Tätigkeitsdrang auch – nicht immer vorhanden sein muß. Wenn dem Kind individuelle Aufmerksamkeit zugewendet wird, kann es sehr wohl für eine Weile aufpassen. Der Lehrer berichtet dann vielleicht, daß es gut mitarbeitet, wenn man sich ausschließlich mit ihm beschäftigt. Der Psychologe stellt etwa fest, daß sich das Kind bei Durchführung der Testaufgaben konzentriert habe. Der Kinderarzt seinerseits meint, das Kind sei während der kurzen Untersuchung in der Praxis nicht unaufmerksam gewesen. Sie haben alle recht, aber der entscheidende Punkt ist nicht, wie aufmerksam das Kind sein kann, wenn ein Erwachsener sich die größte Mühe gibt, es dazu zu bringen. Die Frage ist, wie gut es seine Aufgabe ausführen kann, wenn es sich selbst überlassen ist, und damit haben die meisten ha Kinder beträchtliche Schwierigkeiten.

Bei *manchen* ha Kindern kann die Ablenkbarkeit überlagert sein von der Fähigkeit, für eine außergewöhnlich lange Zeitspanne bei einer speziellen Tätigkeit zu bleiben. Meistens ist es eine Tätigkeit, die sie selbst gewählt haben. Manchmal ist sie sinnvoll, etwa lesen, manchmal nicht. Das Kind wirkt dann »hingerissen« und völlig gefangen oder ungewöhnlich ausdauernd. Die Tätigkeit kann in stereotyper und beharrlicher Weise wiederholt werden. Solch paradoxes Verhalten bei einem gewöhnlich leicht ablenkbaren Kind kann die Eltern verwirren. Sie fragen sich: »Wie kann es ablenkbar sein, wenn es doch Stunden und Stunden mit seiner Steinsammlung spielt?« Die hochgradig unbefriedigende Antwort lautet: »Wir wissen es nicht, aber es verhält sich tatsächlich so.«

In Anspruch nehmendes Verhalten

Alle Kinder benötigen zur normalen Entwicklung das Interesse, die Anteilnahme und Aufmerksamkeit Erwachsener. Wenn sie älter werden, gehen die Ansprüche etwas zurück, aber sie brauchen immer noch Zuwendung und Interesse von seiten derjenigen, die sie lieben und achten.

Auch das ha Kind fordert Aufmerksamkeit, aber dies allein macht es noch nicht anders. Anders und schwierig ist es wegen seiner Unersättlichkeit. Wie ein sehr kleines Kind möchte es immer mitten auf der Bühne sein. Es kann ununterbrochen wimmern, nörgeln, necken und unausstehlich sein. Die Äußerungen ändern sich mit dem Alter. Als Kleinkind wiederholt es vielleicht immerzu störende und verbotene Aktivitäten; wird es größer, so versucht es, die Unterhaltung am Eßtisch an sich zu reißen. In der Schule spielt es den Clown, und um

seinen Mitschülern zu imponieren, setzt es zum Kummer der Polizei oft Kopf und Kragen aufs Spiel.
Diese Aspekte seines Verhaltens können dadurch überlagert werden, daß es manchmal gewisse Arten zärtlichen Benehmens nicht äußert. Viele, wenn auch bei weitem nicht alle ha Kinder machten sich nie etwas aus Zärtlichkeit. Als Säuglinge wehrten sie sich gegen Küsse und Umarmungen. Sie schliefen nicht auf dem Schoß oder in den Armen der Mutter ein, sondern machten sich los. Sie weinten nicht, wenn ihre Mütter sie bei Babysittern oder im Kindergarten ließen. Trotzdem bringen es dieselben Kinder im übertragenen Sinn fertig, ihre Eltern ständig in Trab zu halten.
Der Anspruch auf beständige Zuwendung ist für die Eltern entmutigend, verwirrend und quälend. Da das Kind so viel fordert, haben sie das Gefühl, sie hätten ihm nicht gegeben, was es braucht. Da sie nicht wissen, wie sie es befriedigen können, halten sie sich für unfähig. Und weil das Kind sich gleichzeitig und unablässig an sie klammert und sie reizt, werden sie zornig.

Impulsivität

Ein sehr häufig beschriebenes Charakteristikum der ha Kinder ist Impulsivität oder mangelhafte Impulskontrolle. Jedes kleine Kind möchte sofort, was es möchte, wenn es etwas möchte. Es handelt ohne Überlegung und ohne Rücksicht auf die Folgen. Die Fähigkeit, Aufschub zu ertragen, »bis zehn zu zählen«, zu denken, bevor man handelt, entwickelt sich normalerweise mit fortschreitendem Alter. Auch hier verhält sich das ha Kind um mehrere Jahre »jünger« als es seinem wirklichen Alter entspricht. Es wird sofort wütend, wenn Dinge nicht so funktionieren oder Menschen sich nicht so benehmen, wie es seiner Meinung nach geschehen sollte. Spielsachen werden herumgeworfen – und manchmal zerbrochen. Brüder, Schwestern und Schulkameraden müssen mit Prügel rechnen, wenn sie nicht tun, was sie sollen.
Das Kind folgt mit unglaublicher Geschwindigkeit seinem ersten Impuls. Es stürzt auf die Straße, hinauf auf die Mauer, auf den Baum. Das Ergebnis ist, daß es weit mehr als andere Kinder Schnittwunden, Beulen, Abschürfungen und ärztliche Behandlungen abbekommt. Es zerreißt Kleider und zerstört Spielsachen – nicht böswilligerweise,

sondern unbedacht. Es scheint ihm Spaß zu machen, mit frisch gewaschenen Kleidern den größten Schmutz aufzusuchen. Und was würde wohl geschehen, wenn man diesen oder jenen Teil aus dem Spielzeug herauszöge?
Impulsivität äußert sich auch in mangelhafter Planung und Beurteilung. Es ist schwierig, genau zu unterscheiden, wieviel Planung und Beurteilung man von Kindern billigerweise erwarten kann, aber wieder zeigen ha Kinder weniger davon als ihrem Alter angemessen scheint. Die Wahrscheinlichkeit, daß sie gleichzeitig in entgegengesetzte Richtungen davonsausen, ist bei ihnen größer als bei anderen Kindern. Sie sind unordentlich und unsystematisch. Ihre Impulsivität, kombiniert mit ihrer Ablenkbarkeit, hat unaufgeräumte Zimmer, schlampige Kleidung – Hemden, die nicht zugeknöpft, und Reißverschlüsse, die offen sind –, unfertige Aufgaben sowie nachlässiges Lesen und Schreiben zur Folge.
Ein weiteres Gebiet, auf dem einige ha Kinder Schwierigkeiten haben, ist die Darm- und Blasenkontrolle, was ebenfalls mit ihrer Impulsivität zusammenhängen mag. Kleinere ha Kinder nässen oder beschmutzen sich vielfach während des Tages; sie scheinen ihren diesbezüglichen »dringenden Bedürfnissen« keine Beachtung zu schenken und irgendwie einfach überzulaufen. Bettnässen, das bei etwa 10 Prozent aller sechsjährigen Jungen vorkommt, scheint bei ha Kindern häufiger zu sein. Vielleicht hängt das Bettnässen bei manchen ha Kindern mit ihrem ungewöhnlich tiefen Schlaf zusammen, doch ist das nicht sicher. Es ist wichtig, den Zusammenhang zwischen HA und Bettnässen zu erkennen, weil man manchmal annimmt, daß »Unfälle« und Bettnässen Anzeichen anatomischer Mißbildungen oder ernster psychischer Störungen sind. Doch sind sie statt dessen oft eine Äußerung der HA und sprechen auf deren allgemeine Behandlung gut an.
Soziale Impulsivität – antisoziales Verhalten – ist bei manchen ha Kindern ein Problem. Zu gewissen Zeiten stehlen alle Kinder, alle Kinder lügen, die meisten spielen mit Zündhölzern. Aber die meisten Kinder lernen allmählich, diese Impulse zu beherrschen. Manche ha Kinder tun das nicht; sie stehlen, lügen oder zündeln, wann immer sie Lust dazu haben. Nun erklärt HA an sich nicht, weshalb Kinder diese Dinge tun wollen. Kinder stehlen aus einer Vielzahl von Gründen. Das Stehlen kann resultieren aus einem einfachen Wunsch, zu besitzen, oder aus dem Wunsch, Dinge zu erlangen, mit

denen man sich Zuneigung kaufen kann. Es kann ein Versuch sein, in einer Gruppe Ansehen zu erlangen, es kann eine Quelle der Erregung sein, ein Mittel, sich zu rächen. Es kann aber auch ein Weg sein, Aufmerksamkeit oder Strafe auf sich zu ziehen. Wichtig ist, wenn diese Motive bei einem ha Kind vorkommen, daß es weniger fähig ist als andere Kinder, sich zu beherrschen. Es dürfte klar sein, daß die Behandlung eines solchen Kindes von zwei Seiten her angegangen werden muß: Man muß die spezifische Motivation behandeln und die Impulsivität abbauen bzw. die Fähigkeit zur Selbstkontrolle entwickeln helfen.

Schulschwierigkeiten

Bei der Erörterung der Wahrnehmungs- und Lernschwierigkeiten, unter denen ha Kinder manchmal leiden, muß nachdrücklich betont werden, daß HA keinen Einfluß auf die Intelligenz hat, wie sie durch Intelligenztests definiert und gemessen wird. Das Verhältnis von klugen, normalen und unterdurchschnittlich intelligenten Kindern ist bei ha Kindern dasselbe wie bei Kindern, die nicht ha sind. HA steht in keinerlei Zusammenhang mit geistiger Behinderung.

Manche, wenn auch nicht alle, ha Kinder haben gewisse Probleme mit der intellektuellen Entwicklung und der Wahrnehmung. Manche leiden an einer »Ungleichheit der Entwicklung« der Intelligenz. Die Intelligenztests messen Begabung und Können auf einer Anzahl getrennter Gebiete wie Wortschatz, Arithmetik, Verstehen, Gedächtnis und gewisse Arten der Problemlösung. Für gewöhnlich sind die Leistungen eines Kindes auf jedem dieser getrennten Gebiete ziemlich gleich. Wenn sein Wortschatz für sein Alter normal ist, sind in der Regel auch sein Gedächtnis und seine Fähigkeit zum Problemlösen altersangemessen. Bei ha Kindern scheint eine ungleichmäßige Entwicklung häufiger zu sein. Das Kind hat vielleicht einen überdurchschnittlichen Wortschatz, ein normales Gedächtnis und ist etwas ungeschickt im Lösen von Problemen. Seine Intelligenz, der Durchschnitt aus seinen Leistungen auf allen Gebieten, kann dann normal sein, dennoch ist es in mancher Beziehung fortgeschritten, in anderen zurückgeblieben. Daraus können sich bei der Plazierung und Anpassung in der Schule Schwierigkeiten ergeben. Ein ha Kind in der dritten Klasse ist vielleicht imstande, Mathematikaufgaben der fünften Klasse zu lösen, aber es kann nur lesen wie ein Zweitkläßler. Wenn die Schule auf diese ungleichmäßige Entwicklung keine Rücksicht nimmt, kann man sich die Probleme eines solchen Kindes leicht ausmalen. Es kann nicht in eine normale fünfte oder zweite Klasse versetzt werden; in der einen ist es zurück, in der anderen zu weit fortgeschritten. Wenn die Schule nicht ein Programm aufstellen kann, das seine Fähigkeiten berücksichtigt, paßt es in überhaupt keine Klasse.

Solche Kinder benötigen manchmal besondere Lerntechniken und dauernde Führung. Ihre Fähigkeiten können auf Spezialgebieten, etwa in der Mathematik, so begrenzt sein, daß es ratsam erscheint, die schulischen Anforderungen herunterzusetzen. Oft haben sie es schwer, die Regeln zu lernen, nach denen zusammengezählt, abgezogen, multipliziert oder dividiert wird. Sie müssen das Einmaleins und die Teilungsvorgänge viel häufiger als nicht ha Kinder wiederholen, um sie zu lernen. Außerdem neigen sie dazu, sie rasch wieder zu vergessen.

Der Bereich der »Perzeption«, der Wahrnehmung, in dem einige ha Kinder Schwierigkeiten haben, ist sehr schwer genau zu bezeichnen. Es handelt sich hier um einen komplizierteren Vorgang als es der reine Akt des Sehens oder Hörens ist. Der Begriff »Wahrnehmung« in diesem komplexen Sinn des Wortes umfaßt z. B. die Fähigkeit, zwischen ähnlichen optischen oder akustischen Eindrücken zu unterscheiden und verschiedene Sinneseindrücke in sinnvoller Weise miteinander zu verbinden.

Eine Wahrnehmungsschwierigkeit, die dem ha Kind oft zu schaffen macht, ist z. B. die Unterscheidung von rechts und links. Allen kleinen Kindern macht es Mühe, rechts und links auseinanderzuhalten; sie lernen es allmählich im Alter von fünf oder sechs Jahren. Vorher machen sie keinen Unterschied zwischen den beiden Richtungen und ziehen Handschuhe und Schuhe oft falsch an. Auch können manche ha Kinder offenbar den Rechts-links-Begriff nur schwer erfassen, und einige scheinen sogar Schwierigkeiten mit der Unterscheidung von oben und unten zu haben. Unsicherheit in der Unterscheidung von rechts und links führt wahrscheinlich zu Lesestörungen.

Die Wahrnehmungsstörungen dieser und ähnlicher Art bei Kindern mit normaler Intelligenz nennt man Lernstörungen oder Lernschwierigkeiten. Da sie in beträchtlichem Maße Schulungsprobleme aufwerfen, werden wir sie in einem eigenen Kapitel besprechen.

Wir möchten noch einmal wiederholen, daß viele ha Kinder keine solchen Wahrnehmungsprobleme haben. Dennoch bereitet den meisten ha Kindern das schulische Lernen beträchtliche Schwierigkeiten. »Ungenügende Leistung« ist geradezu ein Kennzeichen des ha Kindes. Lehrer und Erziehungsberater merken natürlich, daß mit dem Kind etwas nicht in Ordnung ist, und manchmal ist die Schule die erste Stelle, die auf seine Probleme aufmerksam wird. Das Lehrpersonal neigt allerdings infolge seiner Ausbildung dazu, die Symptome der HA zu verkennen und die Schwierigkeiten des Kindes auf »emotionale Probleme«, »mangelnde psychische Anpassung« oder »ungünstige Familienverhältnisse« zurückzuführen.

Wenn das ha Kind *keine* speziellen Wahrnehmungsprobleme hat, gibt es mehrere mögliche Gründe für seine schwachen Schulleistungen. Alle seine Lernprobleme können auf mangelnder Aufmerksamkeit und der Neigung zu emotionellen Überreaktionen, die wir bereits besprachen, beruhen. Ein ha Achtjähriger kann trotz normaler Intelligenz auf die Schule in derselben Weise reagieren wie ein normaler Vier- oder Fünfjähriger. Intelligenz allein genügt nicht. Das Kind muß imstande sein, sich für eine angemessene Zeitspanne zu konzentrieren, es muß wenigstens *etwas* von dem hören, was gesagt wird, wenn es lernen soll. Es braucht ein gewisses Maß von Ausdauer und Geduld für schwierigere Aufgaben; wenn es zu schnell aufgibt, ist keine befriedigende Leistung möglich. Wie bereits mehrmals erwähnt, ist das Kind sowohl unaufmerksam als auch schnell frustriert. Kompliziert werden die Lernprobleme noch dadurch, daß sie sich in einem Teufelskreis bewegen, im Schneeballsystem wachsen. Die schlechte Leistung veranlaßt den Lehrer – entweder in dürren Worten oder indirekt – zu bemerken: »Warum machst du keinen Gebrauch von deinem Verstand? Warum ist die Arbeit nicht fertig? Tu etwas, du könntest, wenn du nur wolltest!« So führt schlechte Leistung zu Kritik, diese wiederum hat zur Folge, daß das Kind sich selbst gering einschätzt. Beides ist dazu angetan, seine Motivation, sich Mühe zu geben, herabzusetzen. Bringt es keine guten Leistungen zustande, wenn es sich nach besten Kräften bemüht, so neigt es dazu, aufzugeben. Das Ergebnis ist weiterer stetiger Abstieg. Wenn das Kind in den ersten paar Klassen zurückbleibt, ist es im Nachteil auch dann, wenn die HA größtenteils verschwindet und seine Lernfähigkeit nun aufholt. Da es objektiv im Rückstand ist, erscheint ihm die Schule in der Tat härter und frustrationsreicher.

Im übrigen enthält wirklich jegliche Schulerfahrung viel Langeweile, Überdruß, Wiederholung. Viele Eltern, die nach zehn oder zwanzig Jahren zum ersten Mal wieder eine Grundschule sehen, sind überrascht von ihrem Stumpfsinn und fragen sich, wie sie es als Kinder fertigbrachten, aufmerksam zu sein. Damit soll nicht gesagt sein, daß die Schwierigkeiten des ha Kindes verschwinden würden, wenn man die Schule zu einer durchweg interessanten Erfahrung machen könnte. Sehr wahrscheinlich wäre das nicht der Fall. Wir möchten nur zu bedenken geben, daß die soziale Struktur in den meisten Schulen die Schwierigkeiten des ha Kindes vergrößert.

Koordinationsschwierigkeiten

Annähernd die Hälfte aller ha Kinder zeigt Koordinationsstörungen verschiedenster Art. Bei manchen ist die feinmotorische Kontrolle vermindert; es macht ihnen große Mühe zu malen, mit der Schere zu schneiden, Schuhbänder zu binden, Knöpfe zuzuknöpfen und zu schreiben. Andere haben leichte Gleichgewichtsstörungen, etwa beim Radfahren lernen. Wieder andere haben vielleicht eine unzureichende Hand-Auge-Koordination; diese Kinder sind ungeschickt beim Ballwerfen und -fangen, oder beim Handball- und Tennisspiel. Nicht alle ha Kinder sind in dieser Weise behindert. Viele sind gut koordiniert und manche ausgezeichnete Sportler. Wenn Koordinationsprobleme vorhanden sind, machen sie in der Regel Jungen mehr zu schaffen als Mädchen, da für Jungen sportliche Tüchtigkeit eine wichtige Quelle sozialer Geltung bei Kameraden ist. Doch können auch die Kinder mit Koordinationsbehinderungen bei Aktivitäten, die große Muskelgruppen beanspruchen, keinerlei Probleme haben, so daß sie zum Beispiel gut laufen oder schwimmen können.

Widerspenstiges und herrschsüchtiges Verhalten

Die meisten ha Kinder zeigen ein Sozialverhalten, das mehrere deutlich voneinander unterschiedene Aspekte hat:
1. Beträchtlicher Widerstand gegen soziale Forderungen, gegen Ge- und Verbote, Soll- und Kann-Vorschriften; daher rühren viele Schwierigkeiten mit Eltern und Lehrern.

2. Vermehrtes Unabhängigkeitsstreben.
3. Herrschsüchtiges Verhalten gegenüber anderen Kindern.
Die Schwierigkeiten, die viele ha Kinder haben, wenn sie den Forderungen und Verboten von Eltern und Lehrern nachkommen sollen, sind wahrscheinlich der alarmierendste Zug in ihrem Verhalten und der häufigste Grund dafür, daß um ihre Behandlung nachgesucht wird. Viele ha Kinder sind dem Anschein nach absolut unerziehbar. In mancher Hinsicht scheinen sie immer zwei Jahre alt zu bleiben. Die Eltern beschreiben sie als »widerspenstig... verstockt... negativistisch... herrschsüchtig... ungehorsam... aufsässig... harthörig«. Alle Erziehungsmittel scheinen erfolglos: Belohnungen, Entzug von Vergünstigungen, körperliche Züchtigung. »Er will sich unbedingt durchsetzen... er scheint nie zu hören... er kann nicht aus seinen Fehlern lernen... man erreicht ihn nicht... die Strafe berührt ihn gar nicht... er ist nahezu immun gegen alles, was wir anstellen.« Doch sind die Arten des Widerstands, mit denen die ha Kinder den Erziehungsmaßnahmen begegnen, verschieden. Manche scheinen zu vergessen, was man ihnen sagt, während andere aktive Opposition gegen jegliche Anforderung betreiben. Wir werden den Sinn dieser Verhaltensweisen erörtern, wenn wir die Ursachen der Störung darlegen.

Was das Unabhängigkeitsstreben betrifft, so ist das ha Kind oft außerordentlich freiheitsdurstig, aber in einigen Fällen übermäßig anlehnungsbedürftig. Das Unabhängigkeitsstreben kann sich schon sehr frühzeitig bemerkbar machen. Das ha Kind gehört zu jenem Typ von Kindern, der als Zweijähriger zehn Häuserblöcke weit von zu Hause wegläuft. Wird das Kind dann zu seinen entsetzten und verschreckten Eltern zurückgebracht, so lächelt es und ist erregt. Es scheint sich aus der Trennung nichts zu machen. Beim ha Kind ist es unwahrscheinlich, daß es während der ersten Kindergartentage oder wenn es das erste Mal bei den Großeltern bleiben soll, schreit und aus der Fassung gerät. Die wenigen ha Kinder vom entgegengesetzten Typ, die außergewöhnlich abhängigen, sind meist unreif, babyhaft und anschmiegsam. Sie neigen zu jenem bereits geschilderten Verhalten, das unablässige Aufmerksamkeit und Zuwendung fordert.

Die Beziehungen des ha Kindes zu seinen Brüdern, Schwestern und Schulkameraden folgen in der Regel einem klar erkennbaren Muster. Wenn es jünger ist, ist es ein Quälgeist. Es entwickelt eine wahre

Meisterschaft darin, die anderen zu ärgern und zu stören. Wird es größer, so zeigt es eine ausgeprägte Tendenz zur Herrschsucht, die in eindrucksvollem Kontrast steht zu seinem eigenen Widerwillen, sich von Erwachsenen beherrschen zu lassen. Wenn es mit anderen Kindern spielt, will es unbedingt Führer sein. Es möchte entscheiden, was gespielt wird. Es möchte entscheiden, nach welchen Regeln gespielt wird, und wenn das Spiel nicht so gespielt wird, wie es das wünscht, gibt das Kind auf: Es möchte nach seiner Vorstellung spielen oder überhaupt nicht. Unnötig ist wohl zu sagen, daß es sich auf diese Weise keine Freunde erwirbt und die Leute nicht beeinflußt, mindestens nicht zu seinen Gunsten. Die anderen Kinder gehen ihm aus dem Weg, und nach kurzer Zeit hat das ha Kind kaum mehr Freunde. Dieser Mangel an Freunden ist ganz anders als jener, den man bei einem scheuen, zurückgezogenen Kind beobachten kann. Das ha Kind ist in der Regel sozial aggressiv und ergreift erfolgreich die Initiative bei Freundschaften, aber sein Stil treibt die anderen Kinder in die Flucht. Seinen Eltern erzählt es dann vielleicht, daß man über es klatscht, es zurückweist, sogar schikaniert. Dies sind aber keine Ausreden und keine Lügen. Es sind korrekte Berichte von den Reaktionen anderer Kinder auf sein eigenes Verhalten. Das ha Kind »gewinnt leicht Freunde, kann sie aber nicht halten«. Das Ergebnis ist, daß es oft mit jüngeren Kindern spielt, und aus demselben Grund spielt der ha Junge oft mit Mädchen. Doch ist das ha Kind nicht notwendigerweise physisch aggressiv. Es ist nicht sadistisch, und es macht ihm kein Vergnügen, anderen weh zu tun. In der Tat ist es zwar überdurchschnittlich oft in Raufereien verwickelt, aber das ist die Folge seiner Impulsivität. Außerdem sind seine Brüder, Schwestern und Schulkameraden in der Regel nun einmal nicht begeistert, wenn sie herumkommandiert und herumgeschubst werden.

Emotionale Schwierigkeiten

Die meisten ha Kinder zeigen bestimmte Formen emotionaler Probleme. Das Wort *emotional* ist eines von diesen Modeworten, die jeder gebraucht und die alles mögliche bedeuten können. Wir möchten vor allem darauf hinweisen, daß, wenn wir diese Probleme »emotional« nennen, damit *nicht* gemeint ist, sie seien psychisch bedingt. Ganz im Gegenteil ist das wahrscheinlich meistens nicht der Fall.

Ha Kinder neigen vielfach zu Launen und Stimmungsschwankungen, so daß ihr Verhalten oft unvorhersehbar ist. Eltern berichten: »Jetzt ist sie zufrieden, in der nächsten Minute kann man nichts mit ihr anfangen ... sie hat gute Tage und böse Tage und man versteht nicht, warum.« Die letzte Behauptung ist besonders wichtig. Wir alle haben unsere guten und bösen Tage, und meist entsprechen unsere Stimmungen unseren jeweiligen Erlebnissen. Aber im Fall des ha Kindes ist es in der Regel schwierig herauszubekommen, warum es gestern unausstehlich war und heute umgänglich ist.
Viele ha Kinder reagieren einerseits außergewöhnlich schwach, andererseits übermäßig stark. Sie scheinen manchmal keinen Schmerz zu empfinden. Die häufigen Beulen, Stürze und Kratzer, die nun einmal das Los kleiner Kinder sind, lassen sie völlig unberührt. (Doch wird dies häufig von vermehrtem Zuwendungsbedürfnis überdeckt. Wenn die Eltern zusehen, neigen sie oft dazu, ihnen den letztmöglichen Rest Mitleid zu entlocken.) Vielfach sind sie verhältnismäßig furchtlos. Die Kombination dieser Furchtlosigkeit mit dem Bedürfnis, Aufmerksamkeit zu erregen, mit ihrer Impulsivität und mit der Neigung, ohne Planung und Überlegung zu handeln, ist bestens geeignet, solche Kinder in unerwünschte Situationen zu manövrieren: Wenn sie klein sind, klettern sie auf Baumwipfel, wenn sie größer werden, beeindrucken sie ihre Kameraden mit ihrer Respektlosigkeit gegenüber Tabus und lenken so das Interesse der Polizei auf sich. Glücklicherweise tritt diese Furchtlosigkeit nicht bei allen ha Kindern auf.
Die Über-Reaktivität mancher ha Kinder zeigt sich in außergewöhnlicher Aufregung bei lustbetonten Tätigkeiten. Die meisten kleinen Kinder werden z. B. im Zirkus aufgeregt, aber das ha Kind steigert sich bei einer solchen Veranstaltung ganz übermäßig hinein. Es verliert oft die Kontrolle über sich selbst bei viel weniger aufreizenden Gelegenheiten, etwa während eines Besuchs im Supermarkt.
Andererseits zeigt sich die Über-Reaktivität auch bei Frustrationen als exzessive Reizbarkeit oder Zorn. Natürlich benehmen sich die meisten Kinder und auch Erwachsene bei frustrierenden Anlässen und Enttäuschungen nicht besonders gut. Aber das ha Kind hat eine viel niedrigere Toleranz gegenüber der Frustration und eine viel heftigere Reaktion auf sie. Wenn die Dinge nicht so laufen, wie es will, bekommt es Wutanfälle, Zornesausbrüche oder schlechte Laune. Die meisten Kleinkinder werden reizbar und babyhaft, wenn sie hungrig

oder müde sind. Ein achtjähriges ha Kind kann auf Ermüdung oder Hunger genauso wie ein normales vierjähriges reagieren. Zwar bezeichnen manche Eltern ihr ha Kind als »zornig«, aber es hat den Anschein, als meinten sie damit in der Regel weniger Aggressivität oder Feindseligkeit als übertriebene Reizbarkeit, das heißt Über-Reaktivität in verhältnismäßig unkritischen Situationen: »Er kocht gleich über ... er explodiert sofort ... wenn er zornig ist, verliert er die Beherrschung.« Viele ha Kinder werden, abgesehen von solchen Ausbrüchen, als »gutartig« charakterisiert.

Eine weitere Eigenschaft, die man bei manchen ha Kindern beobachten kann und die für die Eltern häufig beunruhigend ist, könnte man mit »notorische Unzufriedenheit« umschreiben. »An nichts hat sie richtig Spaß, mindestens nicht für länger ... man kann ihr nicht zureden, es scheint, daß ihr nichts eigentlich Vergnügen macht ... man kann sie nie zufriedenstellen.« Diese Eigenschaft ist manchmal Ergebnis einer verwöhnenden Erziehung, bei Erwachsenen wie bei Kindern, aber viele ha Kinder verhalten sich so, ohne jemals verwöhnt worden zu sein. Oft haben die Mütter vom Säuglingsalter an beobachtet, daß man sie nicht zufriedenstellen konnte.

Schließlich ist noch eine »emotionale« Eigenheit der ha Kinder zu erwähnen, die sich auch bei vielen Kindern mit anderen Schwierigkeiten findet: niedrige Selbsteinschätzung. Sie haben wenig Selbstvertrauen: »Er hält nicht viel von sich selbst ... er meint, er ist schlecht ... er glaubt, er ist anders.« Ursache und Behandlung dieser niedrigen Selbsteinschätzung werden später erörtert.

Unreife

Unreife ist weder eine wissenschaftliche noch eine sehr spezifische Bezeichnung, aber sie trifft das Verhalten ha Kinder oft ganz genau. Ihre mangelhaften sozialen, sportlichen und schulischen Leistungen, ihre Unfähigkeit, sich zu erinnern und Ge- und Verbote zu befolgen, sind sicherlich Charakteristika jüngerer Kinder. Die niedrige Frustrationstoleranz, der Mangel an Ausdauer, sind bei diesen normal. Schließlich tritt bei *manchen* ha Kindern ein weiterer Zug auf, der mit der Unreife zusammenhängt: eine gewisse Starre, die Unfähigkeit, Veränderungen zu ertragen. Diese Kinder kommen aus der Fassung, wenn sich an ihrer Routine etwas ändert, wenn etwa die Möbel in ihrem Zimmer umgestellt werden. Vom praktischen Standpunkt aus hilft es den Eltern oft, wenn sie daran denken, daß sich ihr ha Kind emotional – nicht intellektuell – fast genauso benimmt wie ein normales, das vier oder fünf Jahre jünger ist. Sie können dann leichter mit ihrem Kind umgehen. Viele Eltern wissen nicht, wie sie sich einem gestörten Neunjährigen gegenüber verhalten sollen, wohl aber, wie mit einem normalen Vier- oder Fünfjährigen fertig zu werden ist. Wenn sich die Eltern vergegenwärtigen, daß ihr neunjähriges ha Kind in *mancher Beziehung* wie ein normaler Fünfjähriger reagiert, können sie ihn leichter verstehen und ihm wirksamer helfen.

Wandel der Symptome mit dem Alter

Ein augenfälliger Aspekt der Probleme des ha Kindes ist, daß sie sich mit fortschreitendem Alter verändern. Die Verhaltensstörungen eines Krabbelkindes unterscheiden sich beträchtlich von denen eines Heranwachsenden. Hierfür gibt es verschiedene Gründe. Erstens scheinen mit der Reife Veränderungen verbunden zu sein; zum Beispiel hat die HA selbst die Tendenz, sich mit zunehmendem Alter zu verringern, genau wie Bettnässen mit der Zeit verschwindet. Zweitens gibt es Veränderungen, die durch einen Lernprozeß bedingt sind: Wenn das ha Kind zehn Jahre lang von seinen Kameraden abgelehnt wird, ist es feindseliger eingestellt als nach nur ein oder zwei Jahren solcher Ablehnung. Drittens hängt das Erkennen von »Störungen« davon ab, was man als für die betreffende Altersstufe normal betrachtet: Unruhiges Verhalten erwartet und toleriert man bei Kindergarten-Kindern, aber nicht bei Zweitkläßlern; Leseschwierigkeiten billigt man Erstkläßlern zu, aber nicht Viertkläßlern.
Wie sieht die übliche Sequenz der Schwierigkeiten aus? Im Säuglingsalter liegen die Hauptprobleme des ha Kindes in den physiologischen Funktionen: es ist reizbar, hat Koliken und Schlafstörungen. Im Krabbelalter geht seine Fähigkeit, sich zu betätigen, ins Unermeßliche. Viel von dem, was es tut, wird als ungehörig empfunden. Was einen aber am meisten aufregt, ist, daß es immerwährend etwas anstellt und daß es nicht in der Lage ist zuzuhören, d. h. auf elterliche Erziehungsmaßnahmen zu reagieren.
Im Vorschulalter rücken seine Probleme hinsichtlich Aufmerksamkeit und sozialer Anpassung ins Scheinwerferlicht. Seine kurze Kon-

zentrationsspanne, seine niedrige Frustrationstoleranz und seine Wutausbrüche machen ausdauerndes Spiel und Teilnahme am Kindergarten schwierig. Bald gibt es Probleme mit Spielkameraden: es versucht, sie zu quälen, herumzukommandieren und zu stören. Diese Eigenschaften machen es weder bei Kindergärtnerinnen noch bei Kameraden beliebt und führen in manchen Fällen dazu, daß es seine schulische Laufbahn als »Kindergartenversager« antritt.

Wenn es in die erste Klasse kommt, ist seine Unruhe besonders auffällig: Der Lehrer klagt, daß das Kind nicht stillsitzen kann, daß es aufsteht und umhergeht, daß es pfeift und trampelt. Lernprobleme sind zwar bereits vorhanden, werden aber noch nicht wichtig genommen; von Erstkläßlern wird nicht erwartet, daß sie gleich lesen können. Bettnässen kann jetzt auftreten. Vielleicht war das ha Kind schon bisher Bettnässer, aber als Problem wird dies erst dann betrachtet, wenn das Kind ein bestimmtes Alter erreicht. Gewöhnlich erwartet man mit etwa sechs Jahren, oder auch wenn es im Schulheim oder bei Freunden übernachtet, daß das Kind das Bettnässen einstellt. Ungefähr in der dritten Klasse, wenn das Kind neun oder zehn ist, ziehen schulische und soziale Probleme die meiste Aufmerksamkeit auf sich. Bis zu diesem Zeitpunkt können schlechte Leistungen mangelnder Schulreife oder Lernbereitschaft zugeschrieben werden, nun aber wechselt die Diagnose zu »Lernstörung« oder »Lernschwierigkeit« über. Leseprobleme machen meist die größten Sorgen; das Kind kann aber auch mit dem Rechnen Mühe haben, oder es wird wegen unordentlicher Schrift getadelt. Sowohl Dauer als auch Ausmaß dieser Symptome sind äußerst variabel.

Wenn die Schwierigkeiten bis in die Frühadoleszenz hinein andauern, was meistens nicht der Fall ist, dann stehen die sozialen Probleme im Brennpunkt der Aufmerksamkeit. Wenn die Schulprobleme weiterbestehen, hält man sie jetzt vielleicht für unbehebbar. Das heißt nicht, daß ein Kind mit Lesestörungen mit Sicherheit auch soziale Probleme haben wird. Aber wenn das Kind sowohl Lese- als auch soziale Schwierigkeiten hat, sind es jetzt die sozialen Schwierigkeiten, welche die größten Sorgen machen.

Wir möchten noch einmal mit allem Nachdruck betonen, daß die altersbedingten Verhaltensmuster, die wir eben schilderten, nicht für alle ha Kinder zutreffen. Manche Kinder zeigen in allen Entwicklungsstadien Störungen, manche nur in einigen. In jedem Stadium variieren die Symptome von Kind zu Kind; die einen haben Koordinationsprobleme, andere die verschiedensten Schulschwierigkeiten, wieder andere sind in ihrem Sozialverhalten mehr oder weniger schwer gestört. Manche weisen Kombinationen aus allen diesen Problemen auf, und einige wenige Unglückliche leiden unter allen. Letzten Endes neigen die ha Kinder dazu, nicht nur aus ihrer HA, sondern auch aus vielen der damit verbundenen anderen Schwierigkeiten herauszuwachsen. Das Kind folgt vielleicht der oben beschriebenen Entwicklung und zeigt die für die HA typischen Symptome später, etwa in der Präadoleszenz, nicht mehr. In der Tat kommt es nicht selten vor, daß die Probleme um die Pubertät herum geringer werden und leichter zu handhaben sind.

Die Kombination von Symptomen, die man an ha Kindern beobachtet, bildet etwas, was man in der medizinischen Terminologie als »Syndrom« bezeichnet. Ein Syndrom ist eine Gruppe von Schwierigkeiten, die dazu tendieren, zusammen aufzutreten, aneinander zu hängen und gleichzeitig zu verschwinden. Charakteristisch für medizinische Syndrome ist, daß ein bestimmtes Individuum nicht alle Symptome hat, die zu dem Syndrom gehören. Ebenso ist es wichtig zu betonen, daß jemand, der einige der für seine Entwicklungsstufe angeführten Symptome nicht hat, sie höchstwahrscheinlich auch später nicht entwickeln wird. Ein Kind, das in den ersten Lebensjahren keine Koordinationsprobleme hat, wird sie auch später nicht bekommen. Ein Kind, das mit sechs oder sieben Jahren keine Leseschwierigkeiten hat, wird sie nicht als Jugendlicher haben. Für die Eltern, die mit jenen Schwierigkeiten belastet sind, unter denen ihr ha Kind leidet, ist vielleicht dieser optimistische Ausblick auf seine Entwicklung ein kleiner Trost. Er ist nicht gering einzuschätzen, denn er beruht auf Beobachtungen von Ärzten, die solche Kinder behandelten und über Jahre hinweg mit ihnen und ihren Familien arbeiteten.

Die Ursachen der Hyperaktivität

In praktisch allen Fällen ist Hyperaktivität das Ergebnis eines *angeborenen Temperamentsunterschiedes* des Kindes. Pflege und Erziehung können den Grad des Zustands beeinflussen, aber den Zustand selbst nicht herbeiführen. Bestimmte Erziehungsformen vergrößern, andere verringern die Schwierigkeiten. *Keine Erziehungsform* kann Probleme der HA bei einem Kind hervorrufen, das nicht vom Temperament her dafür prädisponiert ist.

Da Erziehungstechniken die Schwere der Probleme eines ha Kindes bis zu einem gewissen Grad beeinflussen können, sind Veränderungen dieser Techniken manchmal hilfreich. Sie werden in dem Kapitel über die Behandlung ausführlich erörtert. Die Tatsache, daß solche psychologischen Ansätze bei der Behandlung des ha Kindes nützlich sein können, darf die Erklärung der Ursprünge des Syndroms nicht berühren: Die Grundlagen der gestörten Verhaltensweisen scheinen angeboren zu sein.

Ursachen der temperamentsbedingten Schwierigkeiten

Das Wissen über die Ursachen der Hyperaktivität ist sehr unvollkommen, aber allmählich fügen sich Informationen aus den verschiedensten Wissenschaftszweigen zum Bilde einer angeborenen konstitutionellen Unzulänglichkeit zusammen. Es ist sehr wichtig, vor allem festzuhalten, daß – wie schon eingangs erwähnt – *die meisten ha Kinder nicht hirngeschädigt* sind. Man spricht manchmal von ha Kindern als von hirngeschädigten, weil HA zuerst bei Kindern, die Hirnschäden hatten, beschrieben wurde. Das Wort »hirngeschädigt« ist nicht nur ungenau, sondern stürzt vor allem auch die Eltern in die größten Sorgen, da sie glauben, mit dem Gehirn des Kindes sei etwas unwiderruflich nicht in Ordnung. Wir wiederholen: viele hirngeschädigte Kinder sind nicht ha und die meisten ha Kinder sind nicht

hirngeschädigt. In den wenigen Fällen, in denen ein Hirnschaden wirklich die Ursache der HA ist, sollten die Eltern weniger pessimistisch sein als sie es in der Regel sind. Darüber werde ich in dem Kapitel über die Entwicklung des ha Kindes sprechen.
Wenn kein Hirnschaden die Ursache ist, was dann? Neue wissenschaftliche Ergebnisse stützen Meinungen, die schon unsere Großmütter vertraten: daß es unter Kindern angeborene Temperamentsunterschiede gibt. Untersuchungen der kindlichen Entwicklung im Säuglingsalter bis zur Präadoleszenz haben ergeben, daß die Kinder von ihren ersten Lebenstagen an verschieden sind. Einige dieser Unterschiede können dazu tendieren, sich mit Verhaltensproblemen zu verbinden, wenn das Kind größer wird. So sind zum Beispiel die Schwierigkeiten, die das ha Kind als Säugling hat, etwa Koliken, Ernährungs- und Schlafstörungen, wahrscheinlich eine Folge angeborener Temperamentsunterschiede. Woher kommen diese Temperamentsunterschiede? Die Kinderpsychiater sind sich nicht sicher. Es ist sehr gut möglich, daß sie von chemischen Unterschieden im Gehirn hervorgerufen werden. Das Gehirn ist ein außerordentlich komplexes System von Nervenzellen. Es funktioniert in gewisser Hinsicht analog einem Telefonnetz, aber dazu besteht ein großer Unterschied: Im Telefonnetz sind die Verbindungen *elektrisch*; die Elektrizität geht durch physikalischen Kontakt von einem Draht zum anderen. Im Gehirn aber sind die Verbindungen *chemisch*. Die Nervenzelle gibt einen winzigen Teil gewisser chemischer Stoffe ab, diese werden von einer zweiten Zelle aufgenommen und veranlassen sie, zu »feuern«. Die chemischen Stoffe heißen »Neurotransmitter«. Wenn von einem bestimmten Neurotransmitter zu wenig vorhanden ist, »feuert« die zweite Zelle nicht, weil von der ersten Zelle nicht genug freigesetzt wurde. Obwohl die Nervenzellen selbst intakt sind, hat es den Anschein, daß die Verbindung unterbrochen ist. In verschiedenen Teilen des Gehirns gibt es verschiedene Neurotransmitter. Wenn die Menge eines Neurotransmitters nicht ausreicht, funktioniert jener Teil des Gehirns, den er »betreibt«, nicht richtig. Ha Kinder haben wahrscheinlich einen Mangel an einigen Neurotransmittern. Bei vielen von ihnen vermehrt sich die Menge des betreffenden Transmitters wahrscheinlich mit fortschreitendem Alter. Dies wäre dann der Grund, daß sich der Zustand der Kinder bessert, wenn sie älter werden. Auch darüber werden wir im nächsten Kapitel ausführlicher sprechen.

Die Ursachen dieser vermuteten chemischen Unterschiede sind, wie gesagt, unbekannt, aber es gibt zwei allgemeine Möglichkeiten:
1. Anomalien in der Entwicklung des Babys *vor* der Geburt
2. Genetische Unterschiede.

Über die pränatalen Einflüsse ist wenig bekannt, doch besteht die Möglichkeit, daß geringes Geburtsgewicht – und damit Unreife – manchmal HA-Symptome zur Folge hat. Ähnlich könnten Entgleisungen in den biologischen Prozessen der Mutter während der Schwangerschaft zur Fehlentwicklung des Fötus führen. Was die genetischen Ursprünge betrifft, so hat man seit langem beobachtet, daß HA und Leseschwierigkeiten in manchen Familien gehäuft auftreten, und dann in der Regel bei den Jungen. Man hat auch herausgefunden, daß Eigenschaften wie Haarfarbe, Augenfarbe, bestimmte Formen geistiger Zurückgebliebenheit usw. in Beziehung stehen zu der Produktion gewisser chemischer Stoffe im Körper, und daß Menge und Typ dieser Stoffe durch die Gene, die Überträger ererbter Eigenschaften, determiniert werden. Es ist möglich, daß bestimmte Gene auch die Mengen an Neurotransmittern kontrollieren und daß einige Gene eine zu geringe Produktion von Neurotransmittern zur Folge haben. Die Neurochemiker haben einige wohlbegründete Vermutungen darüber, welche Neurotransmitter bei ha Kindern in unzureichender Menge gebildet werden. Diese Stoffe sind in jenem Teil des Gehirns lokalisiert, dem unter anderem auch die Regulierung der Aufmerksamkeit obliegt. Ein *Überschuß* an diesen Neurotransmittern könnte eine verbesserte Fähigkeit, sich zu konzentrieren, Verhalten zu hemmen und sich zu beherrschen, erzeugen. Ein *Mangel* an ihnen – derjenige Zustand, der wahrscheinlich bei den ha Kindern vorhanden ist – würde eine zu geringe Aktivität jener Hirnregion hervorrufen, was dann zu Schwierigkeiten bezüglich der Aufmerksamkeit und zu Mangel an Selbstkontrolle führen müßte. Dieser Teil des Gehirns hat *wahrscheinlich* außerdem die Aufgabe, Stimmungen zu regulieren und Reaktionen auf Dinge, die in der Umwelt des Kindes vor sich gehen, angemessen zu gestalten. Mangel an Neurotransmittern in dieser Region würde also eine verminderte Konzentrationsfähigkeit zur Folge haben; außerdem eine verminderte Fähigkeit, das Verhalten zu hemmen, »die Bremsen anzuziehen«; eine verminderte Sensibilität gegenüber den Reaktionen anderer Menschen, ihren Befehlen und Verboten, ihrer Billigung oder Mißbilligung; und eine verminderte Fähigkeit, die Stimmung zu modulieren, das heißt, eine vermehrte Tendenz zu plötzlichen und krassen Stimmungsumschwüngen.

Es ist eine verbreitete Beobachtung, daß bestimmte Temperamente in bestimmten Familien häufig auftreten. In manchen Familien sind die Kinder hochgespannt und nervös wie Foxterriers oder Cockerspaniels. In anderen Familien dagegen sind die Kinder verhältnismäßig ruhig. Keine Temperamentseigenschaft folgt dem Alles-oder-nichts-Prinzip, genauso wie z. B. die Körpergröße. Es gibt verschiedene Maße von Körperhöhe, vom sehr Hochgewachsenen bis zum sehr Kleinen. Die meisten Menschen, die sehr groß oder sehr klein sind, leiden nicht an irgendeiner Krankheit, obwohl es recht unpraktisch sein kann, 2,20 m oder 1,30 m lang bzw. kurz zu sein. In ähnlicher Weise verursachen die meisten Abstufungen der Hochgespanntheit keine Schwierigkeiten, wenn sie nicht jedes Maß überschreiten. Alle hier beschriebenen Züge der ha Kinder kommen bei *allen* anderen Kindern auch vor. Zu manchen Zeiten haben alle Kinder eine kurze Aufmerksamkeitsspanne, alle sind unruhig, alle können es nicht ertragen, wenn sie nicht bekommen, was sie wollen. Ha Kinder haben diese Eigenschaften in einem ungewöhnlichen Ausmaß. Sie sind oft gewissermaßen Extreme des Normalen, wie sehr große oder sehr kleine Menschen. Charakteristisch für sie ist ein Zuwenig und Zuviel an gewissen normalen Eigenschaften.

Wo die HA auf familiärer Grundlage als Temperamentsvariante auftritt, erzählen uns die Eltern oft, daß sie ähnliche Probleme hatten, als sie so alt waren, wie ihr ha Kind jetzt ist. Sich dessen bewußt zu sein, kann sich nützlich oder schädlich auswirken. So kann es von Nutzen sein, wenn sich die Eltern an ihre eigenen Schwierigkeiten erinnern und an die Art und Weise, wie sie selbst damit fertig wurden. So können sie ihrem Kind helfen. Das Wissen um ihre eigenen ähnlichen Schwächen kann jedoch auch dazu führen, daß sie die Probleme, die ihnen ihre HA bereitet hatte, »herunterspielen«. Wenn sie nicht einsehen, daß ihre HA ihnen Schwierigkeiten verursacht hat (oder das immer noch tut), werden sie auch eher dazu neigen, die Probleme, unter denen das Kind leidet, zu bagatellisieren. Und damit besteht Gefahr, daß sie schwere Probleme ignorieren, die erkannt werden müssen, um behoben werden zu können.

Es gibt eine Reihe anderer möglicher Ursachen der HA, von denen wir Ärzte erst jetzt Kenntnis erhielten. Eine davon ist *Bleivergiftung*. Man weiß schon lange, daß der Mensch, der zu viel Blei aufnimmt,

psychologische oder Nervenschäden davonträgt. Schon vor 30 Jahren wußte man, daß Kinder, die Blei zu sich nahmen – meist, indem sie bleihaltige Farbe von der Wand, vom Fensterbrett oder vom Gitterbett knabberten –, hyperaktiv wurden. Neueren Datums ist nur die Entdeckung, daß man Bleivergiftung auch bei Kindern finden kann, die niemals Blei gegessen haben. Untersuchungen in Großstädten legen den Schluß nahe, daß bei einigen Kindern, die als ha diagnostiziert werden, eine leichte, chronische Bleivergiftung vorliegt. Der Grund dafür ist nicht bekannt. Es ist wirklich sehr unangenehm, sich die Möglichkeit vorzustellen, daß allein das Wohnen in einer verkehrsreichen Gegend und das Einatmen von Auspuffgasen ausreichen könnte, eine Bleivergiftung entstehen zu lassen. Bekanntlich wird ja eine Bleiverbindung dazu benutzt, die Leistung der Automobilmotoren zu verbessern. Sobald Benzin verbrannt wird, wird das enthaltene Blei erhitzt, geht in gasförmigen Zustand über und wird so zum Bestandteil der Außenluft. So mag es in einer Großstadt völlig ausreichen, ihre Luft einzuatmen, um ein Übermaß an Blei aufzunehmen. Ob in den kleineren und mittelgroßen Städten genug Blei in der Luft ist, dieselbe Möglichkeit ins Auge zu fassen, ist unbekannt.
Eine andere mögliche Ursache der HA wurde von einem Allergologen der Westküste Amerikas ins Gespräch gebracht, einem Arzt, der sich auf die Diagnose und Behandlung von Allergien spezialisiert hat, also von Asthma, Heuschnupfen, allergischen Nahrungsmittelreaktionen. Er behauptet nun, daß HA verursacht werden kann durch das Essen, das die Kinder zu sich nehmen. Obwohl seine Behauptungen große Publizität erfahren haben, ist es sehr schwierig, ihre Richtigkeit nachzuprüfen, zum Teil schon deshalb, weil er seine Ansichten geändert hat. Zuerst sagte er, die HA werde durch *Salizylate* erzeugt, also durch chemische Verbindungen – mit Aspirin verwandt –, die sowohl in der natürlichen Nahrung als auch in künstlichen Farb- und Geschmackszusätzen enthalten sind. Später behauptete er, daß Salizylate nicht ausschlaggebend seien, sondern daß künstliche Farbstoffe – wie sie in den meisten verarbeiteten Nahrungsmitteln vorkommen – ausgemerzt werden müßten. Es ist wichtig zu wissen, daß diese Behauptungen unbewiesen sind. Erste vorbereitende Untersuchungen konnten lediglich die Richtung abstecken, in der weiter geforscht werden muß. Doch scheinen sich einige Kinder auf eine Spezialdiät hin zu bessern, aber die Untersuchungen bewiesen nicht, daß

allein das Weglassen der Farbstoffe die Besserung bewirkt hatte. Es gibt sicherlich Kinder, die allein schon von der vermehrten Zuwendung, die ihnen im Zusammenhang mit der Spezialernährung zuteil wird, profitieren. Hoffentlich bringen die nun laufenden Untersuchungen Klarheit in diesen Fragenkomplex.
Manchmal hört man, *Hypoglykämie*, also niedriger Blutzucker, sei eine Ursache für HA. Ein Arzt spricht von Hypoglykämie erst, wenn der Blutzucker unter einen bestimmten Spiegel abgesunken ist. In diesem Falle kann das ein Hinweis auf eine bestimmte Störung oder Krankheit sein. Diese so definierte Hypoglykämie ist sehr selten. Die Symptome sind dann eigenartige Empfindungen wie Schwindelgefühle, ein Gefühl von Schwäche, Reizbarkeit, kalter Schweiß und Herzklopfen. Die Patienten werden oft unruhig. Das einzige, was hier an die Symptomatik der HA erinnert, ist die Reizbarkeit. Obwohl Hypoglykämie selten ist, wird eine solche Diagnose oft gestellt. In vielen Fällen muß es aber eine Fehldiagnose sein. Diese zu häufige Diagnosestellung einer Hypoglykämie mag darin begründet sein, daß manche Menschen die eben beschriebenen Empfindungen bemerken, wenn ihr Blutzucker zwar niedrig, aber immer noch im Normbereich ist. Es gibt Hinweise darauf, daß solche Empfindungen trotz normalen Blutzuckerspiegels besonders bei »nervösen oder hochgespannten« Menschen auftreten. Da ha Kinder häufig »nervös und gespannt« sind, ist es erklärlich, daß manch einer denkt, ha Kinder hätten eine Hypoglykämie. Wenn man nun meint, daß sich das Verhalten eines Kindes im Zusammenhang mit dem, was es ißt, ändert, dann ist es völlig unschädlich, die Ernährungsweise zu ändern, solange man nur die Grundregeln einer normalen Ernährung beachtet. Es ist jedoch falsch, ohne ärztliche Untersuchung eine gesundheitliche Störung anzunehmen, die in der Medizin als Hypoglykämie bekannt ist.
Als letzte der möglichen Ursachen für die HA seien normale Nahrungsstoffe erwähnt, wie dies einige Allergologen glauben. Kinder mit definitiven Nahrungsmittel-Allergien leiden manchmal an einem »Spannungs-Ermüdungs-Syndrom«. Hier besteht eine Übermüdung (manchmal begleitet von erhöhter motorischer Aktivität und Ruhelosigkeit) und erhöhte Reizbarkeit, woraus stark »negatives« Verhalten resultiert. Wenn die *Nahrungsmittel-Allergie* richtig behandelt wird – das bedeutet Ausschluß der angeschuldigten Nahrungsstoffe von der Ernährung –, bessert sich das Verhalten des Kindes. Das für ein

»Spannungs-Ermüdungs-Syndrom« charakteristische Verhalten zeigt jedoch nur oberflächliche Ähnlichkeit zur HA. Obzwar das Kind ruhelos und reizbar ist, weist es nicht die übrigen Symptome der HA auf. Wenn das Kind bereits eine HA hat und zusätzlich eine solche Nahrungsmittelallergie mit Verhaltensänderung entwickelt, steht zu erwarten, daß seine HA viel schlimmer wird. Eine Behandlung seiner Nahrungsmittelallergie wird natürlich auch das Verhalten des ha Kindes verbessern, aber seine HA-Probleme werden bleiben. Folglich gibt es keinen Beweis dafür, daß Allergien eine HA verursachen, selbst wenn Nahrungsmittelallergien bei manchen Kindern die vorhandene HA verschlimmern können.

Kinder mit dauerndem *Heuschnupfen* zeigen auch Verhaltensänderungen, wenn er nicht ausreichend behandelt ist. Sie können müde und reizbar werden, dazu ruhelos. Auch hier bessert sich das Verhalten mit einer erfolgreichen Behandlung des Heuschnupfens. Da dieser häufig vorkommt, steht zu erwarten, daß viele ha Kinder zusätzlich unter Heuschnupfen leiden. In einem solchen Fall wird eine wirkungsvolle Behandlung des Heuschnupfens dem Kind helfen, aber – auch hier wiederum – die HA-Probleme nicht völlig zum Verschwinden bringen.

Wir haben die Wichtigkeit physiologischer Unregelmäßigkeiten für die Entstehung der HA aus zwei Gründen hervorgehoben. Erstens, weil die meisten Betroffenen diesen Hintergrund übersehen. Zweitens, weil sie die häufigste Ursache der Störungen sind. Nur in wenigen Fällen spielen sie eine geringere Rolle. Das Ausmaß des physiologischen Beitrags kann schwanken. Bei manchen Kindern ist er bedeutend, und die Probleme treten auf, ganz gleich wie das Kind erzogen wird. Bei anderen Kindern wieder ist der physiologische Beitrag nur geringfügig. Hier ergeben sich nur unwesentliche Schwierigkeiten, ausgenommen die Familiensituation ist problematisch. Meistens erfährt man, daß sich das Kind normal entwickelte bis zu dem Zeitpunkt, an dem ernste Familienprobleme auftraten. Manchmal kann die Ursache der kindlichen Schwierigkeiten nicht geklärt werden, da mindestens seit der Geburt des Kindes die Familie ernstlich gestört war.

Hier muß bemerkt werden, daß die Probleme des ha Kindes, ganz gleich wie sie entstanden sind, häufig zu typischen Schwierigkeiten innerhalb der Familie führen. Manche Psychiater und Psychologen sehen in diesen familiären Schwierigkeiten die *Ursache* der HA.

Manchmal trifft das auch zu; sehr viel häufiger aber müssen sie als verständliche Reaktionen auf die Belastung durch das unberechenbare und schwierige Verhalten des Kindes begriffen werden.

Kinder wie Erwachsene drücken Not und Leid entsprechend ihrem Persönlichkeitstyp aus. Ha Kinder reagieren durch schlechte Laune, »Ungezogenheit«, Unruhe. Natürlich haben alle Familien den Wunsch, ihre inneren Schwierigkeiten zu bereinigen; für Familien mit ha Kindern aber ist die Lösung solcher Konflikte von erhöhter Bedeutung.

Wesen und Auswirkungen der Temperamentsprobleme

Es ist unmöglich, bei irgendeinem Kind zu sagen, wie stark seine Persönlichkeit und sein Verhalten vom Temperament (Erbanlage) oder von der Lebenserfahrung (Umwelt) bestimmt sind. Wenn es sechs oder sieben Jahre alt ist, hat sein Temperament sein Verhalten beeinflußt, dieses wiederum hat die Menschen seiner Umgebung beeinflußt, und ihre Reaktionen haben wieder auf das Kind zurückgewirkt. Ein aggressives Kind zum Beispiel – nicht unbedingt ein ha Kind – wird seine Umgebung belästigt haben; damit erntet es Zorn, Strafe und Ablehnung. Das Kind fühlt sich dann abgelehnt, weil es abgelehnt wurde – Erfahrung –, aber es wurde abgelehnt, weil es aggressiv gewesen war – Temperament. Weiterhin ist bei einem abgelehnten Kind die Wahrscheinlichkeit größer, daß es sich frustriert fühlt und deshalb noch aggressiver handelt. Temperament und Erfahrung schaukeln sich gegenseitig hoch; sie bewegen sich in einem Teufelskreis. Die Art von Teufelskreisen, in die ha Kinder geraten, werden wir gleich erörtern. Die zentralen angeborenen Temperamentsunterschiede ha Kinder beinhalten die folgenden charakteristischen Probleme:

1. Unruhe
2. Unaufmerksamkeit und Ablenkbarkeit
3. Unzufriedenheit
4. Impulsivität (die Unfähigkeit, sich zu beherrschen)
5. Wahrnehmungs- und Lernschwierigkeiten
6. Aggressivität
7. Übermäßige Reizbarkeit.

Diese Züge sind *biologisch bedingt*. Sie sind *keine Erziehungsfolgen*. Doch beeinflussen diese angeborenen Charakterzüge die Erfahrung, und sie können ihrerseits durch die Erfahrung beeinflußt werden. Wie dies in der Regel geschieht, wird nachfolgend erörtert werden.

Schulverhalten

Wir betrachteten die Schulprobleme bereits im vorhergehenden Kapitel, doch sind sie so weit verbreitet und so wichtig, daß es nützlich sein dürfte, noch einmal zu erklären, wie sie entstehen. Wir wiederholen: Ablenkbarkeit, Unaufmerksamkeit, Mangel an Ausdauer und spezielle Lernschwierigkeiten (wenn vorhanden) beeinträchtigen den schulischen Fortschritt trotz des Vorhandenseins eines normalen Intelligenzquotienten. Selbst wenn das ha Kind keine speziellen Lernschwierigkeiten oder Wahrnehmungsprobleme hat, wird es sich in der Schule schwerer tun als seine Kameraden. Um zu lernen, muß das Kind Frustration ertragen können. Manche Gegenstände sind nicht leicht zu erfassen, sie können ohne Ausdauer nicht gemeistert werden. Anhaltende Aufmerksamkeit ist unerläßlich. Intelligenz allein genügt nicht. Wenn das Kind beim Unterricht nicht aufmerken kann, ist es praktisch nicht anwesend. Lernen erfordert Geduld. Die Grundschule fordert einen guten Teil (oft stumpfsinniger) Wiederholung, Übung und Drill. Ein Kind, das sich nicht dazu zwingen kann, relativ langweilige, unangenehme Schulaufgaben ordentlich zu machen, wird Mühe haben, Lesen, Rechtschreiben und Arithmetik zu erlernen. Die Wahrscheinlichkeit ist deshalb sehr groß, daß das ha Kind zurückbleibt und ein schlechter Schüler wird. In dem Maße, in dem es nachhinkt, erfährt es Frustration und Kritik von Lehrern, Eltern und Mitschülern. Die Eltern nörgeln an ihm herum, weil es seine Hausaufgaben nicht macht. Es wird in eine Nachhilfeklasse oder eine Klasse für lernbehinderte Kinder versetzt. Es hält sich selbst für dumm und wird von den anderen Kindern als Hemmschuh und lästiges Hindernis betrachtet. Mangelnder Erfolg führt zu niedriger Selbsteinschätzung und Lernunlust. Wenn das Kind schließlich aus seiner Ablenkbarkeit und Unaufmerksamkeit hinauswächst, ist es so weit zurück und die Schule ist ihm so verhaßt, daß es keinen anderen Wunsch mehr hat, als sie schleunigst zu verlassen. Obwohl es jetzt physiologisch »normal« ist und die temperamentbedingten Schwierigkeiten verschwunden sind, waren seine Schulerfahrungen so unerfreulich, daß es eine ausgesprochene Abneigung gegen jegliches Lernen erworben hat und vielleicht sogar seine Ausbildung abbricht.

Beziehungen zu anderen Kindern

Wegen seiner Herrschsucht, seinen Neckereien, seiner rechthaberischen Einstellung zum Spiel (»gespielt wird, wie ich will, oder gar nicht«) bestehen geringe Aussichten, daß das ha Kind bei anderen Kindern beliebt ist. Da es gegenüber den Gefühlen anderer keineswegs sehr feinfühlig ist, kann es sein, daß es beständig »ins Fettnäpfchen tritt«. Auch wenn es nicht herrschsüchtig ist, können andere mit der HA verknüpfte Probleme seine Beziehungen zu Kameraden trüben. Besonders schlimm trifft es z. B. einen ha Jungen, wenn er Koordinationsschwierigkeiten hat. Wenn keine Fußballmannschaft ihn als Mitspieler haben will, ist das ein schwerer Schlag für seine Selbstachtung. Und wenn er deswegen noch Wutanfälle bekommt, sinkt seine Beliebtheit auf den Nullpunkt. Um dies zu vermeiden, nimmt er dann vielleicht Zuflucht zu Kniffen, durch die er sowohl bei Kindern als auch bei Erwachsenen erst recht in Verruf kommt: Er prahlt, lügt und spielt den Clown. Wenn er älter wird, versucht er seinen Wert zu beweisen, indem er gefährliche und selbstzerstörerische Dinge tut: Er stiehlt oder klettert auf die höchsten Bäume und Türme. Auch hier ist zu beobachten, wie die anlagebedingten Eigenschaften (Herrschsucht, übermäßige Reizbarkeit) zu Erfahrungen führen (Ablehnung), die wiederum mißglückte Versuche, die Beziehungen zu verbessern, im Gefolge haben. Die daraus entstehenden sozialen Komplikationen können die niedrige Selbsteinschätzung verstärken und Beziehungen zu anderen noch schwieriger gestalten. Im Zusammenleben mit seinen Brüdern und Schwestern führen dieselben anlagebedingten Probleme zu anderen sozialen Schwierigkeiten. *Alle* Brüder und Schwestern sind von Zeit zu Zeit aufeinander eifersüchtig. Das Verhalten des ha Kindes und die Reaktionen, die es bei seinen Eltern hervorruft, führen ausnahmslos zu noch mehr Geschwisterneid und Ärger als in jeder anderen Familie. Alle Probleme, die gewöhnlich mit diesen Anlässen zu Eifersucht und Neid verbunden sind, sind schwerer und intensiver. Die Schwestern und Brüder des ha Kindes werden wahrscheinlich vorgezogen, weil sie »brave Kinder« sind, während es als »bös« gilt. Sie werden öfter gelobt, es wird öfter getadelt, und es haßt sie deshalb. Anderseits wird ihm mehr Aufmerksamkeit gewidmet, weil es diese erstens verlangt und zweitens auch benötigt, und damit beneiden die Geschwister es ihrerseits. Endlose Streitereien sind nur zu oft das Ergebnis. Eine weitere, diesmal unerwartete Komplikation tritt manchmal ein, wenn das ha Kind behandelt wird und sich bessert. Jetzt fangen die »braven« Geschwister an, Symptome zu zeigen! Dafür gibt es zwei Erklärungen: Erstens hatten sie vielleicht schon vorher Probleme, aber die des ha Kindes waren so viel schwerer, daß niemand darauf geachtet hatte; zweitens hatten sie vielleicht zwar keine Probleme, aber sie fühlten sich in ihrer Rolle als »brave« Kinder so wohl, daß sie einen Verlust dieser ihrer beneidenswerten Position nicht verkraften und sich deshalb in ein Verhalten flüchten, das dem eines Kindes, das ein Brüderchen oder Schwesterchen bekommt, sehr ähnelt. Sie werden eifersüchtig und handeln unreif und fordern mehr Zuwendung. Glücklicherweise geschieht dies nicht immer. Wir erwähnen es nur, weil es die Eltern erheblich mehr beunruhigen kann, wenn es unerwartet geschieht, als wenn sie mit der Möglichkeit schon rechnen.

Beziehungen zu den Eltern

Die Beziehungen des ha Kindes zu den Eltern sind belastet durch die Schwierigkeiten, mit denen es sie während seiner ganzen Entwicklung konfrontiert. Wir erinnern uns daran, daß das ha Kind wegen seiner temperamentsbedingten Probleme vom Säuglingsalter an sehr problematisch ist. Die Mutter kann seine Krämpfe nicht beheben, kann seinen Schlafstörungen nicht abhelfen, kann es nicht zufriedenstellen oder glücklich machen. Wenn es älter wird, bringen seine übermäßige Reizbarkeit, seine Impulsivität und die anderen Verhaltensprobleme, die wir erörterten, zusätzliche Spannungen in das Familienleben. Nichts, was die Eltern unternehmen, scheint wirksam oder auf längere Sicht zu helfen. Wie bereits erwähnt, ist die am weitesten verbreitete Klage der Eltern, daß es fast unmöglich ist, das ha Kind zu erziehen. Das Kind ist unaufmerksam und vergißt vieles sofort. Wenn man es bittet, mit der Gabel zu essen, gehorcht es, aber bald schweift sein Sinn ab und es ißt wieder mit den Fingern. Es soll sein Zimmer in Ordnung bringen, aber wenn die Arbeit halb – oder auch nur zu einem Bruchteil – getan ist, fängt es etwas anderes an. Man verbietet ihm, die Treppe herunterzuspringen; es hört für kurze Zeit auf und tut es dann impulsiv wieder. Das ha Kind ist *nicht völlig unzugänglich* für Erziehungsmaßnahmen. Aber es ist *viel weniger ansprechbar* als die anderen Kinder. Wenn die Eltern *sehr fest* und *sehr konsequent* sind, sehen sie, daß auch das ha Kind erzogen werden kann, mindestens bis zu einem gewissen Grad. Wenn sie *nicht fest* und *nicht konsequent* sind, sehen sie, daß es ihrer Kontrolle völlig entgleitet. Oft, aber nicht immer, ist entscheidend, wie man mit dem ha Kind umgeht. Die äußerst wichtigen Vorschriften für seine Führung werden im einschlägigen Kapitel erörtert.

Die durch die Impulsivität des ha Kindes bedingten Erziehungsschwierigkeiten haben mehrere unerfreuliche Folgen. Erstens ist das Kind eine Enttäuschung. Zweitens ist das andauernd schlechte Betragen des Kindes dazu angetan, die Eltern zornig zu machen. Drittens können sich die Eltern ungeschickt und unfähig vorkommen. Diese Gefühle führen zu weiteren emotionalen Komplikationen, weil die Eltern der Meinung sind, es gehöre sich nicht für sie, ständig über irgendeines ihrer Kinder ärgerlich zu sein. Es gibt viele Emotionen, die zu empfinden sich nach Meinung der meisten Menschen nicht gehört. Man soll seine Eltern nicht hassen, ebensowenig sein Kind, man soll seine Schwester nicht beneiden. Tatsächlich aber treten solche Gefühle auf, und wenn das geschieht, ist man geneigt, sie zu unterdrücken. Man gibt vor, daß sie nicht vorhanden sind, ignoriert sie, weigert sich, sie zur Kenntnis zu nehmen. In der Regel haben diese Bemühungen Erfolg und *meistens* merkt man nicht, daß solche Gefühle bestehen. Dann und wann jedoch kommen in jedem von uns solche Gefühle zum Durchbruch. Meistens fühlt man sich dann schlecht und schuldig. Wenn den Eltern eines ha Kindes ihr Zorn zu Bewußtsein kommt, fühlen sie sich erst recht unzulänglich sowie unfähig und obendrein schuldig und deprimiert. Diese Gefühle sind nicht nur in höchstem Grad schmerzlich, sondern es besteht auch die Gefahr, daß sie Erziehungsmaßnahmen veranlassen, welche die Probleme das ha Kindes noch verschlimmern.

Da Belohnung und Strafen gleich unwirksam erscheinen, sind die Eltern bereits verwirrt, frustriert und ratlos. Der Zorn, den das Kind hervorruft, kann nun bewirken, daß die Eltern mit exzessiver Strenge vorgehen. Sie verbieten etwa Radfahren oder Fernsehen gleich für eine ganze Woche. Sie verprügeln das Kind vielleicht. Kommt ihnen dann ihre Strenge – einem kleinen Kind gegenüber! – zu Bewußtsein, so verstärken sich ihre Gefühle von Unzulänglichkeit und Schuld. Dies führt dazu, daß sie Härte durch Milde wiedergutmachen wollen. Das Ergebnis ist ein Erziehungsmodell, bei dem exzessive Strenge und exzessive Milde miteinander abwechseln – ein Modell, das genau das Gegenteil der *konsequenten* Atmosphäre darstellt, welche die beste Wirkung auf das ha Kind hat. Das Eigenartige an der Situation ist, daß gerade das Verhalten des Kindes die Eltern veranlaßt, inkonsequent zu handeln.

Eine weitere Komplikation ist, daß strenge und harte Erziehung – was etwas ganz anderes ist als konsequente Erziehung – bei *jedem* Kind zu ganz bestimmten Schwierigkeiten und Verhaltensstörungen führen kann, und daß diese Reaktionen manchmal beim ha Kind auftreten. Ein schwaches Wesen, das das Gefühl hat, zu hart behandelt zu werden, grollt heimlich. Aber seine Möglichkeiten, sich zur Wehr zu setzen, sind eng begrenzt. Es wird widerstrebend gehorchen und die Aufgabe nicht nach dem Geist, sondern nach dem Buchstaben des Gesetzes erledigen. Vielleicht tut es nur so, als gehorche es. Oder es stellt sich ungeachtet des Risikos weiterer Bestrafung auf die Hinterfüße und wird widerspenstig, verstockt und trotzig. Es kann versuchen, zurückzuschlagen, indem es für den Augenblick nachgibt, die Eltern aber auf andere Weise ärgert und verletzt. Niemand hat es gern, wenn ihm beständig befohlen wird, was er zu tun oder zu lassen hat. Auch wenn die Mutter eine Heilige ist, wird das ha Kind, dem es schwerfällt, sich zu beherrschen, immer das Gefühl haben, daß es mehr als den gerechten Anteil an Ge- und Verboten bekommt, und eher dazu neigen, sich in seiner Protesthaltung zu versteifen.

Diese Reibungen führen zu Problemen auf anderen Gebieten. In dem Maß, in dem sich die Schwierigkeiten zwischen Eltern und Kind vervielfachen, wird das ha Kind zornig auf seine Eltern, aber wenn man einer geliebten Person gegenüber Zorn ausdrückt, läuft man Gefahr, sie zu vertreiben. So tritt der Zorn in manchen Fällen nicht direkt in Erscheinung. Er kann überschäumen und sich über einen verhältnismäßig unschuldigen Dritten ergießen, etwa einen Schulkameraden oder Lehrer. Er kann auch völlig zurückgehalten werden. Bei Erwachsenen setzen in diesen Fällen häufig psychosomatische Störungen ein. Die Person äußert ihre Gefühle nicht, aber sie wird gespannt, in manchen Fällen bekommt sie tatsächlich Krämpfe oder Nervenschmerzen, daher die Redensart: Du gehst mir auf die Nerven. Schließlich kann das Kind den Zorn auch an sich selbst auslassen. Dieses Phänomen ist vom Standpunkt des gewöhnlichen Menschenverstandes aus höchst erstaunlich, aber man beobachtet es oft

an sehr zornigen und gehemmten Erwachsenen. Sie haben Unfälle und verletzen sich selbst, sie nehmen Verhaltensweisen an, die zu Demütigung oder Strafe führen. Ganz ähnlich benimmt sich oft das ha Kind.
Die Schwierigkeiten vermehren und komplizieren sich noch, wenn, wie es häufig geschieht, das Verhalten des Kindes zu Streit und Meinungsverschiedenheit zwischen den Eltern führt. Beide sehen, daß das Kind sich miserabel benimmt, und jeder Elternteil neigt dazu, den anderen zu tadeln, weil er es nicht richtig erzieht oder behandelt. Speziell der Vater stellt gern fest, daß er das Kind wirksamer im Zaum halten kann. Er ist eben seltener zu Hause, und wenn er auftaucht, verlangt er gebieterisch Ruhe, woraufhin das Kind einlenkt, mindestens für kurze Zeit. Natürlich bemerkt er nun zu seiner Frau: »Ich werde mit ihm fertig – warum du nicht?« Sie, die viel mehr Zeit mit dem Kind verbringt, gibt zurück: »Man kann das Kind nicht den ganzen Tag so behandeln«, und der Streit ist da. Eltern haben oft verschiedene Auffassungen darüber, wieviel Strenge in der Erziehung angebracht ist. Wer als Kind selbst unter harter Disziplin gestanden ist, neigt dazu, diese Methode zu favorisieren; wer mehr Liebe und Nachsicht erfahren hat, wird dem widersprechen. Die Folge ist, daß man manchmal die Entstehung von »Familiendreiecken« verfolgen kann. Der eine Elternteil wird in die Rolle eines Verteidigers des Kindes gedrängt, der andere wird zum Ankläger. Der Ankläger, der sich bald in der Rolle des Geächteten findet, hat dann ein zusätzliches Problem. Er hat nicht nur ein schwieriges Kind, sondern sein Ehepartner ergreift gegen ihn die Partei des Kindes. Der »ausgestoßene« Elternteil wird dann auf das eigene Kind eifersüchtig. Aber Eifersucht ist wieder ein Gefühl, das zu haben sich für Eltern nicht gehört; sie haben es aber mitunter doch. Ein kurzes Nachdenken über die eigene Familie oder befreundete Familien würde gewiß zahlreiche Beispiele für die Komplikationen, Zwistigkeiten und Schuldgefühle liefern, die sich anschließen können.
Dann gibt es in den Familien noch eine weitere fast überall vorhandene Komplikation. Noch vor kurzem haben fast alle Kinderpsychiater und -psychologen behauptet, daß die meisten an Kindern zu beobachtenden Verhaltensprobleme das direkte Ergebnis der Methoden seien, nach welchen sie von den Eltern erzogen wurden. Alle Eltern, die nur irgend etwas über Kindererziehung gelesen haben, kennen diese Behauptung, aber sie wissen nicht, daß sie allmählich

reichlich veraltet ist. Diese Eltern kommen zu einer Folgerung, die ihrer Ansicht nach unumstößlich ist. Sie haben ein Kind mit Verhaltensschwierigkeiten. Kindliche Verhaltensschwierigkeiten sind das Ergebnis der Schwierigkeiten ihrer Eltern. Deshalb müssen sie selbst, die Eltern, entweder dumm oder böse sein. Die Störungen ihres Kindes sind nicht nur an und für sich ein ernstes Problem, sie sind darüber hinaus ein Reflex des Versagens der Eltern als Eltern. Unglücklicherweise neigen viele Therapeuten und Berater dazu, die Eltern in dieser düsteren Selbstbetrachtung zu bestärken. Eine beträchtliche Anzahl von Psychiatern, Psychologen, Sozialarbeitern, Lehrern und Schulberatern wissen nicht, daß die HA nachweislich eine physiologische, also im Organismus des Kindes liegende Grundlage hat. Auch sie glauben, daß die Probleme des Kindes jene der Eltern widerspiegeln. Auf mehr oder weniger taktvolle Weise informieren sie die Eltern dahingehend, daß sie selbst für das Mißverhalten ihres Kindes verantwortlich sind. Das Gefühl von Schuld, Angst und Niedergeschlagenheit bei den Eltern wird dadurch noch intensiver; es kann aber auch sein, daß sie jetzt abstreiten, daß mit ihrem Kind etwas nicht in Ordnung ist. Zwar ist diese Behauptung schwierig aufrechtzuerhalten, aber manche Menschen widersprechen lieber dem Zeugnis ihrer eigenen Sinne und verkünden, ihr Kind sei absolut normal, nur von allen mißverstanden, als daß sie sich als minderwertige Eltern eines minderwertigen Kindes abstempeln lassen. Es ist dies eine verständliche, weit verbreitete und unglückliche Methode, die die Lösung des Problems hinausschiebt oder verhindert. Viele Eltern von ha Kindern haben sich jahrelang selbst Vorwürfe gemacht, bis sie schließlich eine neuerliche Anklage von seiten eines »Experten« veranlaßt, sich mit dem Argument zu verteidigen, bei ihrem Kind bestünden keine Störungen, was wiederum dazu führt, daß es nicht behandelt wird. Unsere Absicht war vor allem, das Vorurteil zu beseitigen, problematische Familienverhältnisse seien die Ursache der HA. Sie sind vielmehr oft deren Folge.
Sicher lassen sich diese Ursachen-Wirkungen-Sequenzen nicht bei allen Familien mit ha Kindern beobachten, nicht einmal bei der Mehrzahl. Sie wurden jedoch ausführlich dargestellt, um zu zeigen, wie das angeborene Temperament des Kindes die Menschen seiner Umgebung verändern kann, wodurch sich umgekehrt psychologische Rückwirkungen auf das Kind ergeben. Das Temperament der Eltern ist, wie betont werden muß, eine sehr wichtige Größe in dieser

Gleichung. Wenn die Eltern (oder ein Elternteil) sehr hitzig und impulsiv sind, entweder aus Veranlagung oder infolge der Lebenserfahrung, besteht erhöhte Gefahr, daß sie in die Probleme des Kindes verwickelt werden, was diese noch intensiviert.

Die Gefühle des Kindes gegenüber sich selbst

Obwohl das ha Kind in Erwiderung der Reaktionen seiner Eltern auf sein Verhalten manchmal Zorn empfindet, hat es häufiger andere, mehr selbstzerstörerische reaktive Gefühle. Weil es abgelehnt und kritisiert wird, weil es hören muß, sein Benehmen sei empörend, fühlt es sich unliebenswürdig, wertlos und hält wenig von sich selbst. Elterliche Selbstbeherrschung kann diese Gefühle abschwächen, aber nicht verhindern. Auch wenn das Kind etwas dickfellig ist, sogar wenn die Leute gar nichts sagen, muß es mit der Zeit spüren, wie die Umwelt reagiert.

Natürlich ist alles, was dem Kind hilft, sein Verhalten zu ändern, auch dazu geeignet, es vor den leidvollen Konsequenzen dieses Verhaltens zu behüten. Die Folgen seines vom Temperament determinierten Verhaltens sind für die psychologische Entwicklung des Kindes von äußerster Wichtigkeit. Selbst wenn es endlich über die physiologischen und die temperamentsbedingten Probleme hinauswächst, können die psychologischen Schwierigkeiten, die es infolge seines Verhaltens hatte, andauern. Es hat Modelle psychologischer Fehlanpassung gelernt – und nicht wieder vergessen. Wenn umgekehrt die physiologischen Probleme und Symptome in Schranken gehalten werden können, bis das Kind aus ihnen herauswächst, wird es viele schlimme Erfahrungen vermeiden und sich ungehinderter entwickeln. Es wird in der Schule besser sein und bessere Beziehungen zu seiner Familie und seinen Altersgenossen unterhalten. Seine HA wird keine schweren, dauernden Konsequenzen haben. Man kann heute vielen ha Kindern helfen, dieses wichtige Ziel zu erreichen, was wir im Kapitel über die Behandlung erörtern werden.

Die Entwicklung des hyperaktiven Kindes und sein späteres Schicksal

Im Kapitel über die Eigenschaften des ha Kindes besprachen wir die Veränderungen seiner Probleme, wenn es heranwächst. Wir bemerkten auch, daß die Reihenfolge der Störungen nicht unabänderlich ist, und daß viele ha Kinder aus ihnen herauswachsen, wenn sie älter werden. Es ist eine naheliegende und vernünftige Frage, wenn die Eltern wissen möchten, welches Schicksal ihr ha Kind erwartet. Darauf ist nicht leicht zu antworten. Die übliche wissenschaftliche Methode bei der Beantwortung solcher Fragen besteht in der Durchsicht der Krankheitsgeschichte von Menschen, bei denen das betreffende Leiden vor mehreren Jahren diagnostiziert wurde, und in der anschließenden Untersuchung und Beurteilung derselben Patienten zum gegenwärtigen Zeitpunkt. Dieses Verfahren kann bei der HA nur mit Vorbehalten angewendet werden, da das Syndrom erst seit kurzem allgemein anerkannt ist. Wenn man alte Berichte durchgeht, findet man keine Kinder, bei denen HA festgestellt wurde. Allerdings drängt sich bei der Lektüre gelegentlich der Verdacht auf, daß im einen oder anderen Fall HA diagnostiziert worden wäre, wenn damals die Störung schon besser bekannt gewesen wäre. Da keine zureichenden alten Krankenberichte vorliegen, werden wir noch einige Jahre warten müssen, bis wir die Entwicklung von Kindern, bei denen gegenwärtig HA diagnostiziert ist, überblicken können.

Dennoch tappen wir nicht völlig im dunkeln. Unsere Informationen stammen aus zwei Quellen. Die erste wird von den Psychiatern gebildet, die über viele Jahre hinweg ha Kinder behandelt haben. Die zweite setzt sich aus den Untersuchungen ernstlich gestörter ha Kinder zusammen, die schon vor vielen Jahren identifiziert und studiert wurden. Diese zweite Informationsquelle ist nur mit Vorsicht zu benützen, da sie sich auf eine sehr kleine Gruppe ha Kinder bezieht, nämlich auf jene glücklicherweise seltenen ha Kinder, deren Probleme außergewöhnlich schwierig waren.

Ärzte, die ha Kinder über einen Zeitraum von mehreren Jahren hinweg behandelten, merkten wiederholt an, daß die Symptome die Tendenz haben, sich zu verändern, leichter zu werden und mit zunehmendem Alter zu verschwinden. Diese Art Verlauf hat einige Ärzte veranlaßt, das Problem als »Entwicklungsverzögerung« zu etikettieren. (Die Implikation ist, daß das ha Kind, welches unreif ist, einem Kind ähnelt, das für sein Alter außergewöhnlich klein ist. Bei beiden besteht die Wahrscheinlichkeit, daß sie aufholen, reif oder größer werden, aber später als die meisten anderen Kinder.) Bei vielen ha Kindern werden einige besonders unangenehme Symptome allmählich leichter und verschwinden schließlich etwa um die Zeit der Pubertät; bei manchen Kindern treten solche Besserungen früher, bei anderen später ein. Bei allen ha Kindern ändern sich einige Symptome und verschwinden. Das ha Kind näßt vielleicht das Bett länger als das nicht hyperaktive, aber es bleibt nicht lebenslang Bettnässer. Ähnlich ist es mit der Unruhe, der Zappeligkeit; auch sie bessern sich mit der Zeit. Es besteht sogar die Möglichkeit – und dies ist äußerst wichtig –, daß diese Symptome verschwinden, obwohl andere Symptome der HA fortdauern. Konzentrationsschwierigkeiten, Mangel an Ausdauer sowie Impulsivität können zurückbleiben. In Gesprächen mit Erwachsenen, die als Kinder HA-Probleme hatten, hört man häufig, daß sie erst in der späten Adoleszenz oder im frühen Erwachsenenalter endgültig zur Ruhe kamen. Die offenkundige HA verschwand, während sie mit einzelnen Problemen noch jahrelang zu kämpfen hatten. Das Ergebnis für die Praxis ist, daß die Behandlung noch Jahre hindurch fortgesetzt werden muß, nachdem die auffälligsten und quälendsten Symptome schon verschwunden sind.
Wenn man die praktischen Zusammenhänge der Entwicklung des ha Kindes durchdenkt, muß man sich folgende Frage stellen: »Ist die Fortdauer der Symptome eine Folge der Fortdauer der temperamentsbedingten (biochemischen) Unterschiede, oder ist sie das Ergebnis einer Fehlanpassung des Verhaltens, die ursprünglich wegen der (jetzt nicht mehr bestehenden) Temperamentsprobleme erlernt wurde?«
Auf diese Frage gibt es keine allgemeingültige Antwort, doch kann ein feinfühliger Arzt oft bei einem einzelnen Kind eine zumindest annähernde Entscheidung treffen. Bei manchen Patienten scheinen die Probleme tatsächlich wegen der immer noch bestehenden Temperamentsschwierigkeiten anzudauern. Bei anderen scheint die Fortdauer von Symptomen das Resultat von Verhaltensweisen zu sein,

die erlernt wurden und nun sozusagen als Gewohnheit weiterhin angewendet werden. (Zum Vergleich: Ein Kind, das sich den rechten Arm gebrochen hat und deshalb mit der linken Hand schreiben lernte, wird die Fähigkeit, mit der linken zu schreiben, eine unbestimmte Zeit lang beibehalten, auch nachdem der Bruch geheilt ist.) Die Temperamentsschwierigkeiten sprechen oft auf medikamentöse Behandlung gut an. Darüber wird im nächsten Kapitel näher eingegangen. Erlerntes Verhalten ist nicht so leicht zu beeinflussen, vor allem wenn es seit frühester Jugend eingeübt ist. So lernen zum Beispiel Kinder, die vor dem Alter von etwa fünf oder sechs Jahren in ein fremdes Sprachgebiet versetzt werden, die neue Sprache schneller und behalten sie besser als intelligente Erwachsene. Gewohnheiten und Einstellungen lernt man wie Geschicklichkeiten schneller und besser, wenn man jung ist, und in der Jugend erlernte Gewohnheiten werden nur schwer verlernt. Außerdem können auch manche in der Adoleszenz entwickelten Persönlichkeitszüge und Haltungen sehr dauerhaft sein. Deshalb ist es wünschenswert, daß das Kind jede nur denkbare medikamentöse Hilfe und psychologische Förderung erfährt, wenn es sich dieser Lebensperiode nähert. So befragte man zum Beispiel in einer Studie schlanke Frauen, die entweder in der Kindheit oder nur in der Adoleszenz dick gewesen waren, nach ihrem Urteil über ihre eigene äußere Erscheinung. Interessanterweise zeigten sich nur bei jenen Frauen, die in der Adoleszenz dick gewesen waren, psychische Folgen: Sie bezeichneten sich weiterhin als unattraktiv, obwohl sie inzwischen schlank waren. Die während der Teenagerjahre erworbene Einstellung hatte sich in ihnen festgesetzt.

Die Relevanz dieses Beispiels für ha Kinder liegt, wie wir hoffen, auf der Hand. Je früher verhütet werden kann, daß sich Fehlanpassungen herausbilden, um so besser. Das Kind hat dann in der Adoleszenz und im späteren Leben weniger Schwierigkeiten. Doch auch wenn solche Gewohnheiten und Haltungen eingeübt wurden, sind die Aussichten nicht gar zu schlecht. Erlernte Gewohnheiten können verlernt, Geschicklichkeiten erworben werden, neue Erfahrungen können die Persönlichkeit verändern, und zwar während des ganzen Lebens. (Das Kapitel über die Behandlung wird einige psychologische Ansätze durchgehen, die hierher gehören.) Aber nach allem, was wir über Wachstum und Entwicklung von Kindern wissen, scheint *frühe Vorbeugung wirksamer zu sein als spätere Behandlung.*

Neuerdings haben eine Reihe von Forschern, darunter Paul H. Wender, entdeckt, daß bei einigen unglücklichen Menschen viele Probleme der HA bis in die 30er und 40er Jahre hinein bestehen bleiben. Das ergaben Gespräche mit Eltern von ha Kindern. Die Eltern erwähnten, daß sie in ihrer Kindheit ha waren und daß die Probleme mit zunehmendem Alter zwar weniger schlimm geworden waren, aber immer noch in einem störenden Maße vorhanden sind. Solche Erwachsene unterschieden sich von ha Kindern nicht nur dadurch, daß viele Probleme etwas nachgelassen hatten, sondern auch dadurch, daß sie eine ihrem Alter entsprechende Art und Weise gefunden haben, mit ihren Problemen fertig zu werden. Besonders interessant – und von praktischer Bedeutung – war unsere Entdeckung, daß viele solcher Erwachsener – genauso wie die Kinder – von der Fortführung der medikamentösen Behandlung gewannen. Diese jüngsten Beobachtungen müssen natürlich durch Untersuchungen anderer Forscher wiederholt und bestätigt werden. Sollten sie zutreffen, bedeutet das, daß wir auch bei manch einem Erwachsenen auf bleibende HA zu achten haben, und daß wir sie vielleicht mit den gleichen Methoden, die sich bei ha Kindern bewährt haben, behandeln können.

Auch LS können bis in die 30er und 40er Jahre bestehen. Obwohl es *offenbar* bei LS – ohne daß dies bis jetzt wissenschaftlich nachgewiesen wäre – ungefähr mit 8 Jahren und beim frühen Teenager zu natürlichen »Spurts« zu kommen scheint, ist es doch die Grundtendenz der ls Kinder, mit zunehmendem Alter immer mehr zurückzufallen. Wir haben den Eindruck, daß etwa ein Drittel der ls Kinder schwere Probleme ins Erwachsenenalter mitnimmt, während es bei zwei Dritteln zu einer gewissen Besserung kommt. Ganz generell bleiben ls Kinder oft weiterhin langsam im Lesen und schlecht im Rechtschreiben sowie schwach im Rechnen, wenn sie das in der Schule schon waren.

Die Feststellungen können entmutigen. Ärzte sind, was HA und LS betrifft, weniger optimistisch, als es sein müßte. Wir wissen, daß – ohne Behandlung – die Zahl der Kinder mit später fortbestehenden Problemen größer ist als früher angenommen. Wir hoffen, daß frühzeitige, gut ausgeführte psychologische Behandlung, in Kombination mit entsprechender Medikation, die aufgrund physiologischer Abweichungen entstehenden psychologischen Symptome verhindern oder zumindest stark reduzieren kann. Eine solche Behandlung behebt selbstverständlich nicht die zugrundeliegenden physiologischen Abnormalitäten; und der Grund, warum so manche Behandlungsversuche erfolglos blieben, mag einfach der sein, daß nicht lange genug Medizin verabreicht wurde. Da wir aber Beweise dafür haben, daß manche ha Kinder dieselben »physiologischen« Schwierigkeiten noch als Erwachsene haben – Unaufmerksamkeit, hitziges Temperament, Unfähigkeit, etwas zu vollenden, usw. – und auch als solche weiterhin auf die Medikation gut ansprechen, scheint auf der Hand zu liegen, daß viele ha Kinder lange Jahre nach Abschluß des Kindesalters noch Nutzen aus der Einnahme von Medikamenten ziehen können und diese auch brauchen werden. Wie viele ha Kinder in diese Kategorie gehören, wissen wir nicht, aber auch hier sind es viele mehr als man früher glaubte.

Das Bild von der Entwicklung eines ha Kindes, das wir hier entworfen haben, stammt weitgehend von Ärzten, die ausgedehnte praktische Erfahrung mit einer großen Anzahl solcher Kinder hatten. Die andere wichtige Informationsquelle – alte Studien über schwer gestörte ha Kinder – ist für die meisten ha Kinder nicht sehr aufschlußreich, da sie sich überwiegend mit jenen wenigen befaßt, deren Schwierigkeiten sehr ernst waren. Doch zeigen diese Untersuchungen, daß bei ernstlich gestörten ha Kindern die Wahrscheinlichkeit größer ist, daß sie im späteren Leben psychisch erkranken. Diese kleine Gruppe von Kindern bedarf natürlich von früher Kindheit an ununterbrochener ärztlicher Behandlung.

An diesem Punkt ist noch einmal eine Bemerkung über die Zusammenhänge von Hirnschäden und Hyperaktivität angebracht. Wie bereits betont, ist ein nachgewiesener Hirnschaden in den meisten Fällen *nicht* die Ursache der HA. Wenn dennoch eine Beziehung zwischen Hirnschaden und HA besteht, scheint es sich durchweg um einen Schaden zu handeln, der kurz vor oder nach der Geburt oder während der Spätschwangerschaft erlitten wurde. Wir wissen zum gegenwärtigen Zeitpunkt nicht, ob die mit solchen Schäden behaftete Untergruppe der ha Kinder sich anders entwickelt als die übrigen ha Kinder. Die meisten Menschen betrachten Hirnschäden als dauernd und unheilbar, was daher kommt, daß unsere Erfahrungen mit Gehirnverletzungen in erster Linie Erwachsene betreffen. Es gibt jedoch Unterschiede in den Auswirkungen solcher Verletzungen, die vom jeweiligen Lebensalter abhängen. Vielleicht dient es zur Beruhigung, wenn wir einige Tatsachen über die Folgen von Gehirnverletzungen

in sehr frühem Lebensalter mitteilen. Das wichtigste Faktum ist, daß eine sehr frühzeitige Verletzung oft ausgeglichen werden kann. Obwohl bei Kindern wie bei Erwachsenen sich keine neuen Gehirnzellen mehr bilden, können sich Kinder recht gut an eine Gehirnschädigung anpassen, weil offenbar die Funktionen der geschädigten Regionen von anderen Teilen des Gehirns übernommen werden. Einige Experimente an Affen erläutern dies näher. Wenn einem *erwachsenen* Affen ein gewisser Teil des Gehirns entfernt wird, benimmt er sich, als ob er einen Gehirnschlag erlitten hätte: Eine Hälfte seines Körpers ist gelähmt oder schwach und unkoordiniert. Wenn einem Affen*kind* derselbe Gehirnteil entfernt wird, hat es zwar auch anfangs Schwierigkeiten, aber *mit der Zeit erlangt es die volle Funktionstüchtigkeit wieder*; es ist nicht auf einer Körperseite schwach oder schlecht koordiniert. Natürlich sind entsprechende Versuche mit menschlichen Kindern nicht möglich, aber die Parallele ist klar. Man kann bei gleicher Schädigung bei einem jungen Menschen auf völlige Wiederherstellung rechnen, nicht aber bei einem alten.
Um zusammenzufassen:

1. *Viele* ha Kinder, vor allem jene, deren Symptome nicht schwer sind, wachsen aus ihnen etwa um die Zeit der Pubertät heraus.
2. *Manche* ha Kinder verlieren einzelne Symptome in der Pubertät (zum Beispiel Unruhe), während andere (zum Beispiel Impulsivität und Konzentrationsschwäche) noch einige Jahre hindurch andauern.

Alle diese Kinder können infolge der temperamentsbedingten Schwierigkeiten irgendwelche psychischen Schäden erleiden, und die Behandlung sollte bei ihnen mindestens so lange fortgesetzt werden, bis sie aus jenen herausgewachsen sind. Für Kinder, deren Temperamentsprobleme sich länger hinziehen, kann es hilfreich sein, die Behandlung noch einige Jahre länger auszudehnen.

Die Behandlung des hyperaktiven Kindes

Die Behandlung des ha Kindes ist oft verhältnismäßig einfach. Sie erfordert fast immer die Dienste eines Arztes. Da, wie noch erörtert wird, in den meisten Fällen die Medikation von größter Wichtigkeit ist, können Psychologen, Erzieher und Sozialarbeiter nicht in erster Linie die Verantwortung für die Behandlung übernehmen. Sie können nützliche und manchmal absolut notwendige Hilfe leisten. Da sie aber keine Medikamente verwenden und nicht rezeptieren dürfen, sind sie nicht in der Lage, jene Mittel zu verordnen, welche die wirksamsten und, *manchmal,* die *einzig* erforderlichen sind. Wir müssen dies betonen, da das ha Kind oder seine Familie zu oft an einen Psychologen, Sozialfürsorger oder Schulberater verwiesen wird. Diese Verweise erfolgen aufgrund mangelnder Anpassungsfähigkeit des Kindes, wegen Familienproblemen im Gefolge des Verhaltens des Kindes oder wegen Schulversagens. Solche Probleme können, wie erwähnt, ein *Ergebnis* der HA des Kindes sein, und sie können auch die HA verschlimmern. Andere, wie z. B. Familienprobleme, können weitgehend belanglos sein.

Häufig geschieht es, daß die Krankheit des Kindes falsch diagnostiziert wird. Man verweist die Eltern an eine der oben angeführten Stellen, und dort stellt dann jemand fest, bei den Eltern bestünden Eheprobleme. Nun nimmt man an, die Probleme des Kindes seien eine Folge der familiären Probleme, und behandelt demzufolge die Eltern. Das geschieht deshalb so häufig, weil nach der traditionellen Ansicht der Kinderpsychiatrie die Probleme der Kinder meistens das Produkt der Probleme ihrer Eltern oder Familien sind. Dagegen kann eingewendet werden, daß eben eine große Anzahl von Ehepaaren ernstliche Schwierigkeiten mit dem Zusammenleben hat. Ein Viertel aller Ehen wird geschieden. Von den übrigen drei Vierteln haben schätzungsweise die Hälfte ernstliche Probleme. Im ganzen sind also annähernd zwei Drittel aller Ehen merklich gestört. Deshalb ist die Wahrscheinlichkeit groß, daß die Eltern irgendeines beliebigen Kin-

des Schwierigkeiten haben. Wenn man die Eltern, deren Kinder rheumatisches Fieber oder Epilepsie haben oder geistig zurückgeblieben sind, untersuchen würde, könnte man finden, daß die Mehrzahl von ihnen Eheprobleme hat. (Und in der Tat dürften manche dieser Probleme durch die Krankheit des Kindes bedingt sein.) Niemand käme auf den Gedanken, daß es eine gute Therapie für das rheumatische Fieber des Kindes, für die Epilepsie oder die geistige Zurückgebliebenheit wäre, wenn man den Eltern helfen würde, ihre Ehe zu kurieren; freilich könnte dies vielleicht oder sogar wahrscheinlich das Kind glücklicher machen. Deshalb ist es durchaus möglich, daß auch die Eltern eines ha Kindes Eheschwierigkeiten haben. Wenn man den Eltern hilft, sie zu beseitigen, fühlt sich das Kind vermutlich wohler, aber seine wesentlichen Schwierigkeiten bleiben davon unberührt und ändern sich nicht. Ein weiterer ungünstiger Umstand von großer Wichtigkeit ist ferner, daß das ha Kind oft nicht als »medizinischer Fall« betrachtet wird. Seine Krankheit manifestiert sich durch sein Verhalten, und bis vor kurzem war man der Überzeugung, solche Symptome seien psychischen Ursprungs. Der Gedankengang war: Wenn das Kind »psychologische« Probleme hat, benötigen seine Eltern (und vielleicht auch es selbst) nur psychologische Behandlung. Einfach – und sehr unrichtig. Normale Kinder können gestörte Eltern haben. Gestörte Kinder können gestörte Eltern haben, und die jeweiligen Störungen können sehr wenig miteinander zu tun haben.
Dieselben Grundsätze, die auf die psychologische Hilfe für Familienprobleme anzuwenden sind, gelten teilweise auch für die individuelle Behandlung des ha Kindes durch *Kinderpsychotherapie.* Fast alle ha Kinder leiden an psychischen Unregelmäßigkeiten. *Manchmal* lassen sich diese durch Psychotherapie beheben. Aber solange die temperamentsbedingten Anomalien anhalten, werden immer wieder psychische Störungen auftreten. Mit anderen Worten, das junge ha Kind – und das heranwachsende, dessen Temperamentsprobleme noch nicht verschwunden sind – braucht Behandlung. Die Psychotherapie kann das Kind fördern (wir werden später erörtern, in welcher Weise), aber ohne Medikamente besteht große Wahrscheinlichkeit, daß es neue Symptome entwickeln wird.
Schließlich gelten aber dieselben Prinzipien für erzieherische Maßnahmen. Das Kind mit Erziehungsschwierigkeiten oder Verhaltensproblemen wird dem Schulberater vorgestellt. Er wird wahrscheinlich annehmen, daß das gestörte Verhalten den schulischen Rück-

stand bedingt oder umgekehrt die Schulschwierigkeiten die Verhaltensprobleme bedingen. Wahrscheinlich hat er mit beiden Vermutungen *teilweise* recht. Aber der springende Punkt ist, daß beide Arten von Symptomen getrennt voneinander durch die HA verursacht sind. Wenn er einem von beiden abzuhelfen sucht, ohne die zugrundeliegende HA anzugehen, kann er vielleicht bessern, aber die beste Behandlung ist das nicht.
Wir wiederholen: Die Hilfe nichtärztlicher erfahrener Fachleute kann für das Kind und seine Familie wichtig und manchmal notwendig sein, aber die meisten ha Kinder *benötigen* Medikation; gegenwärtig sind nur Ärzte in der Lage, die medikamentöse Behandlung vorzunehmen. Wenn einmal diese grundlegende Therapie begonnen hat und das Kind darauf anspricht, kann entschieden werden, ob das Kind darüber hinaus auch die Hilfe eines Psychologen, Sozialarbeiters oder Lehrers aufsuchen soll.
In diesem Kapitel werden wir alle drei wichtigen Formen der Behandlung erörtern: die medikamentöse, psychologische und erzieherische und werden einige Worte hinzufügen für den Jungen, dessen HA erst in der Adoleszenz entdeckt wird.

Medikamentöse Behandlung

Einem großen Teil der ha Kinder kann oft bis zu einem beachtenswerten Ausmaß durch Medikation geholfen werden. Bei manchen Kindern ist diese vielleicht die *einzige* erforderliche Behandlung. Bei anderen mag psychologische Hilfe oder Förderunterricht nötig sein. Wie erwähnt, ist es manchmal schwer, von vornherein zu entscheiden, wieviel vom Leiden des Kindes auf Schwierigkeiten in der Familie und wieviel auf sein eigenes Temperament zurückzuführen ist. Nach einiger Zeit der Medikation können oft gewisse Symptome verschwinden, während andere bleiben. Dies ist der geeignete Zeitpunkt für den Arzt, zur psychologischen Behandlung zu raten.
Die Anwendung von Medikamenten zur Behandlung der ha Kinder stürzt die Eltern oft in große Sorgen. Sie bringen verschiedene Gründe dafür vor, und es wird von Nutzen sein, sie zu erörtern.
Als erstes macht es vielen Eltern Schwierigkeiten, sich mit der Tatsache abzufinden, daß die Verhaltensprobleme ihres Kindes weniger einen psychischen als vielmehr einen physiologischen Grund haben;

oft rührt das daher, daß ihnen physiologische Probleme Angst einjagen. Sie haben das unbestimmte Gefühl, daß psychisch bedingtes Verhalten leichter korrigiert werden kann, nicht aber physiologisch bedingtes. Ein Wutanfall, meinen sie, ist schnell vorüber, aber ein geschädigtes Gehirn erholt sich vielleicht überhaupt nie wieder. Aus diesem Grund möchten sie lieber annehmen, daß psychische Probleme bestehen. Wenn das schlechte Betragen ihres Kindes psychisch bedingt ist, können die mächtigen Psychiater bestimmt etwas dagegen tun, aber wie kann sein Gehirn »geheilt« werden? Die Eltern sind nach beiden Richtungen hin falsch und unvollständig informiert. Glücklicherweise können Verhaltensstörungen physiologischen Ursprungs wie viele andere ernste physiologische Leiden manchmal durch ärztliche Hilfe leicht geheilt werden. Andererseits ist die psychologische Hilfe keineswegs so wirksam, wie man manchmal glaubt. Gewisse häufiger vorkommende Formen von Gehirntumor, welche tiefreichende psychische Störungen zur Folge haben, können leicht behoben werden, während im Gegensatz dazu gewisse Formen von Neurosen rein psychischen Ursprungs jahrelanger, kostspieliger und zeitraubender psychotherapeutischer Behandlung hartnäckig widerstehen. Lungenentzündung kann mit einem einzigen »Schuß« Penicillin geheilt werden, perniziöse Anämie, früher eine tödliche Krankheit, wird durch Vitamingaben völlig kuriert. Aber ein Kind, das in früher Kindheit vernachlässigt und psychisch mißhandelt wurde, erreicht unter Umständen niemals normale Funktionen, selbst wenn ihm später warme, aufmerksame elterliche Fürsorge und Psychotherapie zuteil werden.

Ein zweiter Grund, weshalb sich Eltern oft der medikamentösen Behandlung widersetzen, ist, daß diese »künstlich« vor sich geht. Vielen Eltern scheint es, als sei Medikation kein guter Weg, um an die Wurzel des Problems zu gelangen. Das mag zutreffen, wenn diese Wurzel ins Psychische hinabreicht, aber in unserem Fall ist die Wurzel des Problems in aller Regel physiologisch. Weil gewisse Gehirnregionen nicht adäquat funktionieren, muß ihre Funktion durch chemische Hilfe wiederhergestellt werden. Die Medikation kann als eine Art Ersatztherapie betrachtet werden; das heißt, sie führt offenbar dem Körper Chemikalien zu, die ihm fehlen, oder sie veranlaßt ihn, die ihm fehlenden Stoffe selbst zu bilden. Wir sind gegenwärtig nicht in der Lage, Chemikalien zu verabreichen, die dem Mangel für immer abhelfen. Anders als bei der Lungenentzündung gibt es bei Hyperaktivität keine Heilung durch eine einzige Injektion. Die Medikation ist so lang erforderlich, bis das Gehirn durch eigenes Wachstum und eigene Entwicklung anfängt, hinreichende Mengen der benötigten Chemikalien zu bilden. Insofern besteht Ähnlichkeit mit der Behandlung bei perniziöser Anämie; nur sind bei dieser Krankheit während des ganzen Lebens des Patienten hindurch Gaben von Vitamin B 12 erforderlich; im Gegensatz zum hyperaktiven Kind wächst der an perniziöser Anämie Leidende niemals aus seinen Schwierigkeiten heraus.

Ein dritter Grund, den die Eltern manchmal gegen die Medikation einwenden, ist die Angst, das Kind würde davon »abhängig«. Bei dem Wort Abhängigkeit denken die Eltern in der Regel an zwei Dinge. Erstens fürchten sie, daß die verwendeten Mittel mit den Substanzen, die als Drogen verrufen sind, Ähnlichkeit haben. Sie denken, daß sich das Kind eventuell wie der Drogensüchtige auf die Medikation hin so wohl fühlt, daß es ohne sie nicht mehr sein kann. Doch trifft dies für die Mittel, die von den Ärzten für die Behandlung der HA verwendet werden, niemals zu. Die Kinder sind vielleicht glücklich über die Besserung in ihrem Leben, zu der ihnen das Medikament verhilft, aber niemals lieben sie die Medizin selbst. Sie werden nicht »high« davon. Sie bekommen keine Lustempfindungen durch sie. Medizinisch betrachtet ist jede nicht in der Natur vorkommende Substanz, die einer Person in der Hoffnung auf therapeutischen Erfolg zugeführt wird, eine Droge. Aspirin ist eine Droge. Penicillin ist eine Droge. Gewisse Arten von Hormonen sind Drogen. Die Frage ist nicht, ob ein Stoff eine Medizin oder eine Droge ist, sondern ob sie nützlich oder schädlich ist. Wie wir sehen werden, sind die meisten in der Behandlung der HA verwendeten Medikamente nützlich und kaum riskant.

Die andere Form der Abhängigkeit, vor der sich Eltern manchmal fürchten, ist die Notwendigkeit dauernder Medikation, um der Schwierigkeiten Herr zu werden. In diesem Punkt haben die Eltern recht, aber diese Art von Abhängigkeit ist dem Leiden bei weitem vorzuziehen. Viele ha Kinder brauchen tatsächlich Medikamente, um ihre Probleme lösen zu können. Sie sind in derselben Lage wie Kinder mit Diabetes, Epilepsie oder rheumatischem Fieber. Kinder mit solchen Leiden müssen für den Rest ihres Lebens Insulin, anti-epileptische Medikamente oder Penicillin nehmen. Das hyperaktive

Kind ist glücklicher. Es benötigt die Medikation nur für einige Jahre seines Lebens.

Im folgenden besprechen wir die wichtigsten Medikamente, die von den meisten Ärzten in der Behandlung von ha Kindern verwendet werden, sowie ihre Wirkungen und ihre Verabreichung. Das Ziel soll vor allem sein, den Eltern die Absichten der ärztlichen Behandlung verständlich zu machen. Ich bringe keine erschöpfende Liste von Medikamenten, und natürlich soll die Erörterung die Eltern nicht in die Lage versetzen, ihr Kind selbst zu behandeln. Aber Eltern, die wissen, wie ein Mittel wirken soll, welche Nebenwirkungen es haben kann und welche (wenn überhaupt) möglichen Risiken seine Anwendung mit sich bringt, sind in einer viel besseren Lage, den Arzt bei der Behandlung ihres Kindes zu unterstützen. Mit dieser Absicht wende ich mich nun einigen allgemeinen Aspekten der Verabreichung von Medikamenten an ha Kinder zu.

Der erste sehr wichtige Punkt ist, daß es für ha Kinder verschiedene potentiell hilfreiche Medikationen gibt. Man kann unmöglich vorhersagen, auf welche von ihnen das Kind am besten anspricht. Manche Kinder reagieren auf eine Medikation sehr gut, auf eine andere überhaupt nicht. Es kann deshalb notwendig sein, mehrere auszuprobieren, bis man die beste herausfindet.

Ein zweiter wichtiger Punkt ist, daß die Medikation manchmal nicht sofort wirkt, sondern eine gewisse Anlaufzeit benötigt, während der sich das Mittel im Körper anhäuft (Kumulationseffekt). Das Kind muß daher das Medikament einige Zeit nehmen, bevor man beurteilen kann, ob und wie es wirkt. Diese Periode kann manchmal mehrere Wochen dauern. In einigen wenigen Fällen wird die Medizin die Symptome des Kindes zuerst scheinbar verschlimmern; die Eltern müssen das wissen, damit sie die Medikation nicht sofort abbrechen. In diesen wenigen Fällen *können* die Symptome und Probleme des Kindes erst nach einer Verschlimmerung von ein oder zwei Wochen anfangen, sich zu bessern.

Ein weiteres wichtiges Prinzip ist, daß der Arzt zu Anfang einer jeden Kur mit der kleinsten wirksamen Dosis beginnt, da er nicht mehr Medikation geben will als unbedingt nötig ist. Er ist dann aber bisweilen gezwungen, die Dosis später beträchtlich zu erhöhen. Dies sollte kein Grund zur Aufregung sein. Die Kinder sind sehr verschieden, manche brauchen viel höhere Mengen eines Mittels als andere. Dabei steht die Dosis durchaus nicht immer im direkten Verhältnis zur Schwere der Symptome. Manche sehr stark ha Kinder brauchen nur geringe Dosen eines Mittels, während weniger ha größere Gaben benötigen.

Weiterhin ist festzuhalten, daß viele Medikationen Nebenwirkungen hervorrufen. Eine Nebenwirkung ist eine unerwünschte Wirkung der Verabreichung eines Medikaments. Aspirin verursacht zum Beispiel manchmal eine Reizung der Magenschleimhaut und leichte Bauchschmerzen. Antihistamine, die gegen Heuschnupfen gegeben werden, machen manche Menschen schläfrig. Die bei der Behandlung von ha Kindern üblichen Mittel haben *manchmal* bei bestimmten Kindern eine Reihe von Nebeneffekten. Wenn wir die einzelnen Medikamente besprechen, werden wir sie beschreiben.

Zuletzt ist noch darauf hinzuweisen, daß alle Medikamente zu allergischen Reaktionen führen können. Diese treten nur bei manchen, besonders dafür veranlagten Menschen auf. Bei manchen Mitteln ist die Wahrscheinlichkeit, daß sie Allergien hervorrufen, viel größer als bei anderen. Die bei der Behandlung der ha Kinder am häufigsten verwendeten Medikamente, die Stimulanzien, produzieren sehr selten Allergien. Andere Mittel, die eingesetzt werden, wenn bei einem Kind Stimulanzien nicht als die beste Medikation angesehen werden, können eher zu Allergien führen. (Wir wiederholen noch einmal, daß *alle* Medizinen, einschließlich Aspirin und Penicillin, Allergien hervorrufen können.) Die Eltern müssen die Symptome einer Allergie kennen, damit sie im gegebenen Fall den Arzt benachrichtigen können. Allergien sind selten, aber wenn man nichts gegen sie tut, verschlimmern sie sich manchmal und werden sehr unangenehm. Manche häufig vorkommenden Symptome sind ziemlich auffällig: Hautausschlag, Nesselsucht usw. Ein weiteres wichtiges allergisches Symptom, das vielfach nicht gleich erkannt wird, ist die Abnahme der weißen Blutkörperchen, welche erhöhte Anfälligkeit für Infektionen mit sich bringt. Ein häufiges Symptom einer solchen Allergie ist eine Angina mit hohem Fieber. Natürlich bekommen auch Kinder, die keinerlei Medikamente nehmen, gelegentlich Halsentzündungen und hohe Temperaturen, aber wenn das Kind in Behandlung ist und solche Symptome entwickelt, muß es unverzüglich dem Arzt vorgestellt werden.

Stimulanzien

Die in der Behandlung ha Kinder am häufigsten eingesetzten Medikamente sind Stimulanzien. Das meistbenützte ist d-Amphetamin, in Deutschland nicht erhältlich. Hier ist nur das dl-Amphetamin verfügbar, und zwar nicht als Fertigpräparat, sondern nur in Substanz. Der Apotheker muß es aufgrund einer ärztlichen Verschreibung in eine einnehmbare Form bringen. Des weiteren wird Methylphenidat verwendet. Es ist in Deutschland als Ritalin verschreibungspflichtig und in der Apotheke erhältlich. Amphetamin wurde in den USA 1937 zum ersten Mal zur Behandlung ha Kinder eingesetzt, Methylphenidat in den frühen 60er Jahren. Weniger gebräuchlich ist Pemolin. Diese Mittel sind im allgemeinen die wirksamsten und sichersten Medikamente, die uns für die Behandlung ha Kinder zur Verfügung stehen. Ungefähr zwei Drittel aller ha Kinder sprechen gut auf eines dieser Mittel an. Obwohl sie in ihrer Wirksamkeit annähernd gleich sind, kann doch das einzelne Kind besser auf das eine als auf das andere reagieren. Wenn eines nur mäßige Besserung herbeiführt oder lästige Nebenwirkungen hervorruft, kann der Arzt das andere versuchen. Trotz ihrer Wirksamkeit und Sicherheit sind die beiden Medikamente in jüngster Zeit in schlechten Ruf gekommen, weil die Möglichkeit besteht, daß *Erwachsene* durch ihren Gebrauch »high« und psychisch abhängig werden; Amphetamin ist als »Glücksdroge« bekannt geworden. Pemolin scheint diese Eigenschaft nicht zu besitzen. Obwohl seit einiger Zeit in Gebrauch, ist nichts oder nur wenig über Mißbrauch bekannt geworden. Es ist jedoch – genauso wie Amphetamin und Methylphenidat – für normale Erwachsene ein Stimulans.

Die Stimulanzien haben aber bei den ha Kindern eine ganz andere Wirkung als bei normalen Erwachsenen. Sie werden von ihnen nicht »high« und erregt, sondern im allgemeinen beruhigt und manchmal sogar etwas traurig. Die Kinder werden nicht süchtig nach diesen Mitteln; in dieser Hinsicht besteht überhaupt keine Gefahr. Wenn die Schwierigkeiten des ha Kindes bis in die Adoleszenz hinein andauern, wird der Arzt in der Regel die Stimulanzien absetzen und Mittel verwenden, die bei Erwachsenen keine Abhängigkeit hervorrufen. Viele der Ärzte, die zahlreiche ha Kinder so behandelt haben, pflegen die Stimulanzien bis weit in die Adoleszenz hinein zu verschreiben – wenn auch mit Vorsicht, da sie den Eindruck gewonnen haben, daß diese Kinder auf das Medikament so lange nicht wie normale Erwachsene reagieren, bis sie ihre Symptome ausgewachsen haben. Die ha Erwachsenen, die wir bis heute behandelt haben – und ihre Zahl ist immer noch klein – sprechen im allgemeinen auf Stimulanzien wie die ha Kinder an. Wie unten besprochen werden wird, werden sie eher ruhiger als aufgeregter, und sie werden nicht »high«. Übrigens genügt auch bei den Erwachsenen dieselbe relativ geringe Dosis über längere Zeit hinweg. Dies steht im Gegensatz zu solchen Erwachsenen, die Stimulanzien wegen ihrer angenehmen Wirkung mißbrauchen. Sie müssen die Dosis dauernd steigern, oft auf das Hundertfache, um weiterhin die Wirkung der Droge zu erhalten.

Wirkung
Wenn die Stimulanzien wirken, werden die ha Kinder in der Regel ruhiger und weniger aktiv, sie entwickeln eine längere Aufmerksamkeitsspanne, werden lenksamer und lassen sich leichter beeinflussen. Außerdem bekommen sie häufig mehr Feingefühl für die Bedürfnisse anderer Menschen und reagieren viel besser auf erzieherische Maßnahmen. Es ist ausdrücklich darauf hinzuweisen, daß diese Wirkungen sich sehr von denen der sogenannten »Tranquilizer« unterscheiden. Diese machen das Kind langsamer, sie verlängern aber seine Aufmerksamkeitsspanne nicht, vermehren seine persönliche Sensivität nicht und machen es nicht zugänglicher für Vernunftgründe. Diese Wirkungen der Stimulanzien sind oft erstaunlich. Das Kind ist mit einem Schlag auf einer ganzen Anzahl von Gebieten reifer geworden. Dieser Effekt gehört zu den auffälligsten Reaktionen, die in der Psychiatrie zu beobachten sind. Die Wirkung von Amphetamin und Methylphenidat tritt für gewöhnlich sofort ein, kann sich aber in einigen Fällen auch um ein oder zwei Wochen verzögern. Pemolin wirkt generell langsamer: erst nach 2–3 Wochen sind erste Effekte zu beobachten. Wie erwähnt, kann sich der Zustand des ha Kindes auf die Stimulanzien hin zunächst verschlechtern; es wird dann reizbarer und aktiver. Bei einem guten Teil dieser Fälle – nicht immer – verschwindet die ungünstige Wirkung, wenn die Medikation fortgesetzt wird, und das Kind beruhigt sich.

Dosierung
Das Urteil der Eltern über den Zustand ihres Kindes wird eine wichtige Rolle spielen bei der Entscheidung des Arztes, die Dosis des

Medikaments zu erhöhen oder zu verringern. Die Eltern sollten über die allgemein übliche Dosierung unterrichtet sein. Die wirksamen Substanzen werden im allgemeinen in Milligramm gemessen (1 Milligramm = ein Tausendstel Gramm). Ein ha Kind braucht für gewöhnlich zwischen 5 und 60 Milligramm Dextroamphetamin pro Tag oder zwischen 10 und 120 mg Methylphenidat. Pemolin wird gewöhnlich in Tagesdosen zwischen 18,75 und 112,5 mg verschrieben. Gelegentlich gibt es Ausnahmen in beiden Richtungen: Ganz wenige Kinder werden weniger benötigen, ein paar werden mehr brauchen. Wenn das Kind Medizin einnimmt, deren Wirkung nur 3 oder 4 Stunden anhält, und es kommt mittags nicht zum Essen heim, muß die Medizin auch mittags in der Schule gegeben werden. Viele Kinder mögen das nicht, weil sie sich scheuen aufzufallen. Eine ganze Reihe von Kindern denkt selbst daran, die Medizin mittags einzunehmen. Hier kann man dem Kind eine Einzeldosis mitgeben. Es gibt aber auch Kinder, die alles vergessen und deshalb nicht daran denken, daß sie Medizin einnehmen müßten. In solchen Fällen muß der Arzt einen Ausweg ersinnen.

Die Eltern müssen immer wieder daran denken, daß die Wirkungszeit der Stimulanzien nur einige Stunden beträgt. Von einem Tag auf den anderen ist die Wirkung verflogen. Wenn die Medikation erfolgreich ist, werden die Eltern merken, daß die Probleme des Kindes prompt zurückkehren, sobald das Mittel nur für einen Tag abgesetzt wird. Die Symptome sind etwa morgens zu registrieren, bevor das Kind seine Tabletten bekommt. Wenn es zu seinen Schwierigkeiten gehört, daß es beim Anziehen, Frühstücken und Schulgang herumtrödelt, ist es vielleicht nützlich oder notwendig, ihm seine Medizin gleich nach dem Aufwachen zu verabreichen. In ähnlicher Weise wird sich die Wirkung des Mittels mit dem Fortschreiten des Tages allmählich verflüchtigen. Geschieht dies am frühen Nachmittag und sieht die Mutter das Kind erst wieder, wenn es von der Schule nach Hause gekommen ist, so kann sie leicht den Eindruck gewinnen, daß das Mittel nicht hilft. Die Eltern können das überprüfen, wenn sie das Kind am Wochenende zu Hause während des Vormittags besonders sorgfältig beobachten. Da die Mittel für gewöhnlich in Dosen gegeben werden, die die Wirkung am Nachmittag oder am frühen Abend abklingen lassen, können sich die Eltern zu diesen Zeiten auf vermehrte Schwierigkeiten gefaßt machen. Wenn sie mit dem Kind abends ausgehen oder einen Besuch machen wollen, ist es oft hilfreich, am späten Nachmittag noch eine kleine zusätzliche Dosis zu geben. Normalerweise sieht man aber davon ab, da die Mittel dazu neigen, das Kind wachzuhalten, was noch besprochen wird.

Wie bereits erwähnt, wird der Arzt gewöhnlich mit der kleinsten Dosis beginnen, die sich bei HA als wirksam erwiesen hat. Er wird dann solange die Medikation verstärken, bis sich entweder die Verhaltensprobleme des Kindes im höchstmöglichen Ausmaß bessern oder bis die Nebenwirkungen der erhöhten Dosierung ein neues Problem schaffen.

Um festzustellen, wie die Medikation anschlägt, wird der Arzt wissen wollen, wie sich das Kind zu Hause und in der Schule benimmt. Der Lehrer befindet sich in einer hervorragenden Position, die Wirkung der Medizin auf das Kind beurteilen zu können. Er sieht es unter Umständen, die geeignet sind, seine Schwierigkeiten zu vergrößern. Außerdem kann er sein Verhalten mit dem vieler anderer Kinder seines Alters und seinen intellektuellen Fähigkeiten vergleichen. Man kann deshalb Eltern nur raten, sich regelmäßig mit dem Lehrer in Verbindung zu setzen, wenn die Medikation eingestellt oder geändert wird. Vor allem sollten sie ihm mitteilen, daß das Kind in Behandlung steht und ihn bitten, sie von jeder Veränderung im Schulverhalten des Kindes zu unterrichten. Doch ist es nicht ratsam, aus dieser Art Information eine große Angelegenheit zu machen. Die meisten Menschen, die Veränderungen erwarten, neigen dazu, sie zu finden, auch wenn sie nicht vorhanden sind. Deshalb sollten die Eltern den Lehrer lediglich um Information bitten, ihm aber nicht suggerieren, er solle erwarten, daß das Kind sich bessert. Ein weiterer Grund dafür, keine allzu große Hoffnung auf Fortschritte des Kindes aufkommen zu lassen, ist, daß viele Lehrkräfte über Schulschwierigkeiten des einmal als ha akzeptierten Kindes kaum noch Bericht erstatten. Wenn sich das Kind etwas bessert und nun keine große Last mehr ist, sondern nur mehr eine kleine, informiert der Lehrer vielleicht die Eltern dahingehend, daß es »recht gut« stünde. Was die Eltern jedoch wissen müssen, ist, ob es überhaupt *irgendwelche* Probleme gibt, welcher Art und wie schlimm sie sind.

Wann das Medikament gegeben wird, hängt von der Art der beim Kind vorhandenen Symptome ab. Machen sie sich hauptsächlich während der Schulwoche bemerkbar, aber nicht an Wochenenden, dann verordnen viele Ärzte die Mittel nur während der Schulwochen, nicht aber an Wochenenden und während der Ferien. Wenn es sowohl in der Schule als auch zu Hause Schwierigkeiten gibt, wird der Arzt empfehlen, das Medikament täglich zu nehmen. Nach einiger Zeit der Medikation verordnen die Ärzte gern »Therapieferien«, medikationsfreie Perioden. Dies geschieht aus zweierlei Gründen. Erstens soll sich das Kind von der Medikation erholen. Obwohl es keine Beweise gibt, daß die Mittel schädlich sind, wenden die Ärzte grundsätzlich möglichst wenig Medikamente an. Zweitens soll damit festgestellt werden, ob das Kind überhaupt noch Medikation braucht oder ob es vielleicht schon aus seinen Schwierigkeiten herausgewachsen ist. Wenn es älter wird, braucht es oft nur noch in Streßzeiten Medikation. Das bedeutet, daß die Behandlung während der Schulferien aussetzen kann. Noch später rät der Arzt vielleicht dazu, auch in der Schule zunächst ohne Medikamente auszukommen, um zu sehen, wie der Patient die ersten Wochen übersteht. Während dieser Zeit müssen die Eltern natürlich in enger Verbindung mit der Schule bleiben, um festzustellen, ob sich Probleme ergeben. Wenn dies nicht geschieht, kann man damit rechnen, daß das ha Kind über seine Störung hinausgewachsen ist. Wie bereits besprochen, sollten die Eltern nicht vergessen, daß Rastlosigkeit verschwinden kann, andere Probleme aber, wie schlechte Konzentration und verminderte Leistungsfähigkeit, bestehen bleiben können. Die Eltern müssen deshalb von der Lehrkraft detaillierte Information einholen. Die Mitteilung allein, das Kind sei nicht unruhig, genügt nicht. Wie kommt es mit seinen Kameraden aus, wie konzentriert es sich auf seine Aufgaben, wieviel kann es wie gut leisten? Alle diese Fragen müssen genau beantwortet werden.

Noch eine Schlußbemerkung: Anders als Erwachsene gewöhnen sich Kinder im allgemeinen *nicht* an diese Mittel, wenn man auch während der ersten Behandlungswochen gelegentlich eine leichte Gewöhnung beobachten kann. In diesen Fällen findet man, daß eine Dosis, die etwa für einen Monat genügte, um die Symptome in Schach zu halten, allmählich nicht mehr dafür ausreicht. Der Arzt verschreibt dann in der Regel eine höhere Dosis, woraufhin keine Gewöhnung mehr auftritt. Wenn das Kind über mehrere Jahre hin Medikation braucht, muß die Dosis meist geringfügig erhöht werden, da es ja größer und schwerer wird. In einigen Fällen gewöhnen sich die Kinder dennoch an ein bestimmtes Stimulansmittel. In diesen Fällen gehen die Ärzte zu einem verwandten Mittel über. Manchmal wird es nötig, mit den Medikamenten abzuwechseln.

Wenn die Gewöhnung auch dann noch ein Problem darstellt, muß der Arzt die Kategorie der angewandten Mittel wechseln und es mit einer anderen bewährten Medikation versuchen.

Nebenwirkungen
Stimulanzien, an Kinder gegeben, stellen eine außerordentlich sichere Medikation dar. Weil ihre Wirkungen auf Kinder und Erwachsene entgegengesetzt sind – wie erwähnt, werden Erwachsene »high« und erregt, Kinder dagegen ruhig –, bezeichnet man sie oft als paradox. Dies trifft allerdings nur in mancher Hinsicht, durchaus nicht allgemein zu. Sowohl bei Kindern als auch bei Erwachsenen vermindern die Stimulanzien den Appetit und beeinträchtigen den Schlaf. In der Regel kehrt beim Kind der Appetit nach einiger Zeit zurück, gelegentlich aber dauert die Appetitlosigkeit an und führt zu Gewichtsverlust. Die Eltern machen sich dann manchmal Sorgen, doch ist der Gewichtsverlust vom medizinischen Stand aus niemals besorgniserregend. Die Tendenz des Mittels, das Kind wachzuhalten, kann im allgemeinen durch überlegte Verabreichung kontrolliert werden. Die Medikamente halten die Kinder nur solange wach, als sie sich im Blutkreislauf befinden. Man verabreicht die Medikamente deshalb nicht spät am Tag. Wenn die Einschlafschwierigkeiten andauern, gibt man die letzte Tablettengabe nicht zu spät. Wenn die Medikation in dieser Weise gehandhabt wird, kann die Schlaflosigkeit kein Problem mehr sein. Allerdings können nach dem Abklingen der Medikation in der zweiten Tageshälfte wieder Verhaltensprobleme auftreten. Allergische Reaktionen auf Amphetamine und Methylphenidat sind sehr selten. Gegenüber Pemolin entwickeln 1 bis 2 % der damit behandelten Kinder eine Allergie. Diese zeigt sich nicht durch Symptome wie Hautausschlag, sondern kann anfangs nur durch Bluttests entdeckt werden, weshalb die mit Pemolin behandelten Kinder sich alle paar Monate einem Bluttest unterziehen sollten. Im Falle einer sich anbahnenden Allergie muß dann Pemolin abgesetzt werden. Soweit wir heute wissen, sind üblicherweise keine Spätschäden nach dem Absetzen von Pemolin zu erwarten.

Stimulanzien-Behandlung und Wachstum
Vor mehreren Jahren erschien eine Fachpublikation, in der behauptet wurde, die Stimulanzien-Behandlung bei ha Kindern verringere das Längenwachstum und die Gewichtszunahme. Seither haben sich

mehrere wissenschaftliche Untersuchungen mit diesem Thema befaßt, wobei manche Autoren dieselbe Behauptung aufgestellt haben, während andere feststellten, daß das Längenwachstum nicht betroffen war. Die Frage ist also nicht ganz eindeutig geklärt, zumal sogar die Untersucher, die das Längenwachstum beeinträchtigt sahen, mit kaum nennenswerten Längenunterschieden aufwarteten. So war z. B. das untersuchte Kind im betreffenden Jahr nur ganze 6 mm weniger gewachsen als erwartet. Wie schon angedeutet, sind all diese Befunde vorläufig. Einige Ärzte haben die Vermutung geäußert, daß ha Kinder von vornherein ein von anderen Kindern verschiedenes Wachstums-Programm in sich trügen, so daß die üblichen Wachstums-Tabellen auf ha Kinder gar nicht anwendbar seien. Die Forschung beschäftigt sich weiterhin mit den exakten Auswirkungen der Stimulanzien-Medikation auf das Wachstum. Es besteht kein Zweifel daran, daß viele Kinder auf die Verabreichung von Stimulanzien an Gewicht verlieren. Obzwar dies die Eltern manchmal beunruhigt, gibt es in der Forschungsliteratur keinerlei Hinweise darauf, daß diese Gewichtsabnahme schädlich ist, und augenscheinlich erreicht das Kind das Normalgewicht, sobald die Medizin abgesetzt wird.

Wir möchten also nochmals betonen: *Der Effekt auf das Wachstum ist gering*; außerdem finden die meisten Ärzte, die ha Kinder behandeln, daß die Vorteile der Behandlung im psychologischen Bereich die *mögliche* Beeinträchtigung des Wachstums aufwiegen. Selbst wenn laufende wissenschaftliche Untersuchungen ergeben sollten, daß das Längenwachstum nennenswert beeinträchtigt ist – wir wiederholen: bis jetzt hat das noch niemand nachgewiesen –, werden sich die Eltern fragen müssen, ob sie ein großes, aber unglückliches, oder ein etwas kleineres, aber ausgeglicheneres Kind haben wollen. Praktisch gesehen, sollte der Arzt Gewicht und Länge im Auge behalten und seine Stimulanzien-Medikation sowohl auf das Wachstum als auch auf das psychologische Wohlbefinden des Kindes abstellen.

Neuroleptika (Major Tranquilizers)

Andere in der Behandlung der HA angewandte Medikamente sind Beruhigungsmittel vom Typ der Neuroleptika. Diese Mittel, die vor etwa dreißig Jahren entdeckt wurden, dienen hauptsächlich zur Behandlung schwerer seelischer Störungen bei Erwachsenen. Man weicht manchmal auf sie aus, wenn sich die Stimulanzien als wirkungslos erweisen. Diese Mittel sind manchmal höchst wirksam. Gewöhnung oder Süchtigwerden ist bei ihnen ausgeschlossen, und bei Beachtung gewisser Vorsichtsmaßregeln sind sie äußerst sicher. Es gibt buchstäblich Dutzende solcher Medikamente, viele sind einander chemisch sehr ähnlich. Auch ihre Wirkungen sind ähnlich, mit leichten Unterschieden, die für ein bestimmtes Kind bald das eine, bald ein anderes ratsam erscheinen lassen.

Wirkungen
Wenn diese Medikationen erfolgreich sind, werden die Kinder allmählich weniger ängstlich, ruhiger und umgänglicher. Die Mittel haben eine doppelte Wirkung. Anfangs neigen sie dazu, Schläfrigkeit hervorzurufen, aber nach einigen Tagen oder Wochen verschwindet dieses Gefühl meistens. Die schlafproduzierende Qualität der Mittel ist nicht das, was gewünscht wird, aber um den erstrebten Beruhigungseffekt zu erreichen, muß die Schläfrigkeit eine Zeitlang in Kauf genommen werden.

Dosierung
Die Dosierungen verschiedener Neuroleptika variieren beträchtlich. Wie bei den Stimulanzien ist es unmöglich, von vornherein zu sagen, wieviel von einem Mittel ein bestimmtes Kind benötigen wird. Manchmal braucht ein sehr großes, sehr aktives Kind nur eine verhältnismäßig kleine Dosis, während ein vergleichsweise kleines und etwas ruhigeres Kind eine größere Dosis haben muß. Der Arzt beginnt deshalb wie bei den Stimulanzien mit einer kleinen Dosis, die er so lang erhöht, bis die Schwierigkeiten gut beherrscht werden können. Die Eltern sollten deshalb damit rechnen, daß der Arzt die Dosis erhöht, und sich nicht darüber beunruhigen. Um die Einnahme des Mittels zu vereinfachen, werden meist Tabletten von verschiedener Größe verwendet. Der Arzt beginnt, um anpassungsfähig zu bleiben, mit der kleinen Tablette und setzt dann, wenn die Dosis erhöht wird, die größere dafür ein, damit das Kind nicht jeden Tag eine Handvoll Tabletten schlucken muß.
Ein wichtiger Punkt in der Behandlung mit Neuroleptika ist, daß sie manchmal mehrere Wochen verabreicht werden müssen, bevor der Kumulationseffekt maximal wirksam wird. Auch nachdem die korrekte Dosis erreicht ist, ist die volle Wirkung erst nach mehreren Wochen sichtbar.

Die Medikamente wirken oft lang genug, so daß sie nur einmal täglich gegeben werden müssen. In diesen Fällen verabreicht man das Mittel meistens abends, ein oder zwei Stunden bevor das Kind schlafen geht. Die schlaffördernde Wirkung setzt etwa eine Stunde nach der Einnahme ein und klingt nach vier bis sechs Stunden ab (wie erwähnt, macht sie sich in den ersten Tagen oder Wochen besonders bemerkbar). Wenn das Medikament also ein oder zwei Stunden vor dem Schlafengehen genommen wird, hat das Kind eine ruhige Nacht, ist aber am nächsten Morgen nicht mehr übertrieben müde und taumelig. Manchmal allerdings wirkt das Mittel *nicht* so lange und muß dann zwei- oder dreimal täglich eingenommen werden.

Nebenwirkungen
Wie in der allgemeinen Erörterung der Medikation erwähnt, können die meisten Mittel Allergien hervorrufen, dies ist auch bei Neuroleptika der Fall. Wenn sich Allergien entwickeln, so geschieht das in der Regel innerhalb der ersten Wochen oder Monate der Medikation. Sie können dann manchmal im Frühstadium durch Untersuchung des Blutbildes erkannt werden. Die Ärzte lassen deshalb vor Beginn der Medikation ein Blutbild des Kindes anfertigen und wiederholen dies in regelmäßigen Abständen, solange die Medikation andauert. Wenn ein Kind nicht bereits zu Anfang der Behandlung allergisch reagiert, ist die Wahrscheinlichkeit der allergischen Reaktion zu einem späteren Zeitpunkt sehr gering.
Eine weitere lästige, wenn auch ungefährliche Nebenwirkung ist, daß Kinder unter der Einwirkung mancher Neuroleptika empfindlicher gegen Sonnenbestrahlung werden. Sie bekommen dann einen jukkenden Ausschlag. In diesem Fall muß das Kind langärmelige Kleidung tragen und darf der Sonne möglichst wenig ausgesetzt werden.
Eine dritte unangenehme Nebenwirkung tritt selten auf, wenn verhältnismäßig hohe Dosen dieser Mittel eingenommen werden müssen. Es kommt dann zu Muskelsteifheit und Zittern.
Diese Symptome sind nicht besorgniserregend; man bekommt sie in den Griff, wenn man ein anderes Mittel verabreicht, das sie unter Kontrolle bringt.
Es können bei diesen wie bei allen anderen Medikamenten noch weitere allergische Symptome auftreten, aber es geschieht selten. Um völlig sicherzugehen, sollten die Eltern den Arzt von jedem verdächtigen Symptom unterrichten.

Obwohl diese Nebenwirkungen bei manchen Kindern auftreten, sind sie eigentlich selten. Man muß mit ihnen rechnen, sich aber keine großen Sorgen ihretwegen machen.

Antidepressiva

Eine dritte Gruppe von Medikamenten, die sich bei manchen ha Kindern als nützlich erwiesen haben, besteht aus chemischen Stoffen, die bei Erwachsenen zur Behandlung schwerer Depressionen verwendet werden. Auch diese Mittel veranlassen wie die Neuroleptika mit absoluter Sicherheit keine Gewöhnung oder Sucht. Wenn man sie einem Erwachsenen gibt, der sich nicht in einer Depression befindet, oder einem nicht ha Kind, werden diese reizbar oder ängstlich. Sie machen diese Personen ganz bestimmt nicht »high«. Der normale Erwachsene oder das gesunde Kind empfinden die Wirkung dieser Mittel als unangenehm und wünschen daher nicht, sie weiterhin zu nehmen.
Routinemäßig verwendet man sie bis jetzt aus zwei Gründen nicht: 1. scheinen sie nicht so wirksam wie die Stimulantia zu sein, 2. ist noch nicht bekannt, wie sich eine mehrjährige Behandlung ha Kinder mit ihnen auswirkt. Da diese häufig erforderlich ist, müssen die Ärzte erst Erfahrungen sammeln, wie sich Antidepressiva auswirken, wenn sie über mehrere Jahre hinweg regelmäßig gegeben werden. Erst dann können sie routinemäßig verordnet werden.

Dosierung

Da die Ansprechbarkeit von Kind zu Kind sehr verschieden ist, wird der Arzt auch hier mit einer niedrigen Dosis beginnen und sie über einen Zeitraum von mehreren Wochen hin allmählich erhöhen, bis sich die Symptome des Kindes merklich bessern oder die Nebenwirkungen des Mittels unangenehm werden. Wie bei den anderen Medikationen müssen die Eltern auch bei dieser mit einigen Wochen Anlaufzeit rechnen, bevor entschieden werden kann, ob sie Erfolg hat. Zwischen Imipramin und Amitriptylin sowie den anderen Medikamenten dieser Gruppe bestehen leichte Unterschiede; manchmal spricht das Kind auf das eine besser an als auf das andere. Da es keine Möglichkeit gibt, die Reaktionsweise des Kindes vorherzusagen, muß der Arzt oft mehrere solche Wirkstoffe ausprobieren, um den besten herauszufinden.

Wie die Neuroleptika verursachen auch die Antidepressiva während der ersten Medikationswochen manchmal Schläfrigkeit. Sie verschwindet im allgemeinen im Laufe der Zeit. Der Arzt wird meistens warten, bis dies der Fall ist, bevor er die Dosis des Mittels erhöht.

Nebenwirkungen
Außer der Schläfrigkeit haben die Antidepressiva manchmal andere unerwünschte, aber ungefährliche Nebenwirkungen wie Reizbarkeit, trockener Mund, leichte Verstopfung und leichte Benommenheit. In der Regel verschwinden diese im Laufe der Zeit oder können durch leichte Senkung der Dosis unter Kontrolle gebracht werden. Allergien sind bei dieser Medikation selten, dennoch sollten in regelmäßigen Abständen Blutuntersuchungen vorgenommen werden, damit eine etwa auftretende Allergie schon im Anfangsstadium erkannt wird.

Andere Medikationen

Es gibt noch viele andere Medikationen, die sich manchmal als wirksam erweisen, wenn die oben aufgezählten Mittel nicht helfen. In seltenen Fällen muß der Arzt bis zu sechs oder acht verschiedene Substanzen ausprobieren, und die Eltern müssen mehrere Monate warten, bevor sich herausstellt, ob es eine Medikation gibt, die dem Kind nützt.
Neuerdings schlugen einige Ärzte die Anwendung sehr hoher Vitamindosen für die Behandlung von Kindern und Erwachsenen mit seelischen Störungen vor. Die »Mega-Vitamintherapie« wurde als sichere und wirksame Therapie für alle möglichen Arten von Verhaltensstörungen bezeichnet. Alles, was man hierzu gegenwärtig sagen kann, ist, daß solche Behauptungen unbewiesen sind. Dennoch glauben die Eltern vielleicht, ein Versuch mit großen Vitamindosen sei zumindest natürlich und deshalb ungefährlich. Die Schwierigkeit liegt aber darin, daß – auch wenn Vitamine natürlich sind – Dosen in zehntausendfacher Höhe des normalen täglichen Bedarfs nicht natürlich und wahrscheinlich nicht ungefährlich sind. Auch Salz und Wasser sind natürlich, aber wenn jemand an einem Tag ein Vielfaches des täglichen Wasserbedarfs zu sich nimmt, kann er sehr wohl daran sterben. Vielleicht zeigen weitere Erfahrungen, daß die Vitamintheorie wirksam und sicher ist, aber bis jetzt ist ihre Effektivität durch

nichts bewiesen, und weitere Beweise sind nötig, die zeigen, daß sie ungefährlich ist.

Wie aus dieser Erörterung entnommen werden kann, gibt es *keine ideale* Medikation und Behandlung für ha Kinder. Jede Therapie hat ihre – meist leichten – Nachteile. Vielleicht werden in der Zukunft passendere, sicherere und wirksamere Behandlungsmethoden entwikkelt. In der Zwischenzeit sind die zur Verfügung stehenden Medikationen in der Regel wirksam – manchmal auf verblüffende Weise –, und in der großen Mehrzahl aller Fälle werden ihre Nachteile bei weitem durch die Vorteile aufgewogen.

Hilfen bei der medikamentösen Behandlung

Viele Eltern sind sich der gewichtigen psychologischen Aspekte, die das Geben und das Nehmen von Medizin mit sich bringen, nicht bewußt. Man übersieht das oft, da Medikamente meistens für eindeutige medizinische oder psychische Erkrankungen eingenommen zu werden pflegen, so z. B. Aspirin bei Kopfweh, Abführmittel gegen Verstopfung und Beruhigungsmittel bei Angstzuständen. Hier gibt es keine weiteren Fragen. Aber wenn man ha Kindern Medikamente gibt, spielen mehrere psychologische Grundregeln eine wichtige Rolle, die – wenn die Behandlung optimal wirken soll – genau beachtet werden müssen.

Erstens soll das Kind – seinem altersgemäßen Verständnis entsprechend – erfahren, warum es ein Medikament bekommt. Zweitens muß ihm versichert werden, daß es deswegen nicht hirngeschädigt oder verrückt ist. Und drittens ist es sinnvoll, es zu der Einsicht zu bringen, daß Probleme aus seinem Verhalten entstehen, das es ja selbst nicht billigt, damit es nicht das Gefühl haben muß, es werde nur deshalb behandelt, damit es von anderen Menschen besser ertragen wird. Wenn ein Kind nicht einsieht, warum es Medizin einnehmen muß, wenn es nicht selbst spürt, daß es Probleme hat und die Medizin ihm hilft, wird es sich – wie die Erfahrung zeigt – gegen die Einnahme der Medizin sperren, sie vergessen oder früh damit aufhören, auch wenn es sie eigentlich immer noch benötigte.

Für gewöhnlich ist das ha Kind durchaus in der Lage, Eigenheiten oder Züge seines Verhaltens, die es in unerwünschte Situationen bringen, zu erkennen und als solche einzuschätzen. Dazu gehören z. B.: Nicht-Aufpassen-Können, Aufbrausend-Sein, Unruhig-Sein, das dauernde Kritisiert-Werden seiner Vergeßlichkeit durch Lehrer und Eltern, die Unfähigkeit, eine Aufgabe zu Ende zu bringen, im Klassenzimmer immer von seinem Sitz aufzustehen. Man kann dem Kind getrost erklären, daß die Medizin ihm *helfen* wird, seine schulischen Aufgaben zu vollenden, aufzupassen, seine explosive Art zu zügeln, weniger unruhig zu sein, Dinge besser behalten zu können und gelassener zu werden. Sobald es akzeptieren kann, daß die Medizin *ihm* hilft, ist ein großer Schritt getan. Es wird dann das Gefühl haben, daß man nicht ihm etwas antut, sondern daß man etwas *für* es tut.

Ein weiterer wichtiger Aspekt ist, bei dem Kind nicht die Einstellung aufkommen zu lassen, es müßte nun keine Verantwortung mehr für sein Verhalten tragen, da es ja Medizin dagegen erhalte. Die HA hebt, wie andere Krankheiten auch, einen freien Willen nicht auf, wenn sie auch die freie Wahl des Benehmens einschränkt oder verändert. Sie schaltet die Entscheidungsfreiheit nicht aus. Deshalb sind Hyperaktive fähig – oder sie müssen es lernen –, für ihr Verhalten mitverantwortlich zu sein. Sie dürfen nicht all ihre Aktionen Kräften in die Schuhe schieben, die außerhalb ihrer Kontrolle liegen. Man sollte ihnen nicht erlauben, »Holzbein« zu spielen, wie es Eric Berne in seinem Buch »Spiele der Erwachsenen« beschreibt. In diesem psychologischen Spiel sagt eine Person in etwa »Was erwartest du von mir? Mehr geht nicht. Ich hab' ein Holzbein.« Man muß vermeiden, daß sich Kinder im Hinblick auf ihre HA eine ähnliche Einstellung aneignen. Man sollte ihnen nicht erlauben, stillschweigend eine Haltung einzunehmen wie: »Ich bin psychisch verpfuscht. Ich habe die HA. Alles, was ich tue, ist außerhalb meiner Einflußmöglichkeit.« Aus diesem Grunde sollten Eltern – und auch Lehrer und Geschwister – nicht zu ihm sagen: »Du bist ja heute wieder unmöglich. Wann hast du heute die Medizin eingenommen?« So nämlich käme das Kind so weit zu glauben, daß es keine Kontrolle über sich selbst haben könne und daß es »bösartig« sei, weil es keine Medizin eingenommen habe, und nur »lieb«, nachdem es sie eingenommen habe. So würde es nie lernen, sich selbst zum Verdienst anzurechnen, wenn ihm einmal die Kontrolle über sich gelungen ist. Und es besteht die Gefahr, Rückfälle in schlechtes Benehmen dem Fehlen von Medizin anzulasten. Im Abschnitt »Psychologische Behandlung« wird auf diese Frage, wie Kindern die Verantwortung für ihr Benehmen nahegebracht werden kann, eingegangen.

Diät-Behandlung

Wie früher erwähnt, glauben einige Ärzte, HA sei eine Reaktion des Körpers auf natürliche Nahrungsbestandteile, wobei bestimmte Kinder auf gewisse Nahrungsmittel allergisch reagieren, und zwar in Form von Verhaltensstörungen (siehe Seite 25 der neuen amerikanischen Originalausgabe). Eine andere Behauptung wurde von Dr. Ben Feingold (»Why is your child hyperactive«, Random House, 1975), einem Arzt aus Kalifornien, aufgestellt. Er sagt, viele Kinder werden ha als Reaktion auf die Einnahme von künstlichen Farbstoffen, Geschmackskorrigenzien, Konservierungsmittel und der natürlicherweise in manchen Obst- und Gemüsesorten enthaltenen Salizylaten. Eine Ernährung, in der solche Substanzen nicht enthalten sind, wird »Nahrungsmittelzusatz-frei« oder »Feingold-Diät« genannt. Die Vorstellung, daß Nahrungsmittelzusätze HA erzeugen können, spricht besonders Leute an, die glauben, diese seien »unnatürlich« – und schon aus diesem Grund wahrscheinlich schädlich – und daß eine spezielle, gesunde Diät einer Behandlung mit Medikamenten vorzuziehen sei. Wenn man Kindern diese Diät gibt und ihnen auch die Gründe für die andere Ernährung erklärt, scheinen einige eine deutliche Verhaltensänderung zu zeigen. Diese beruht wahrscheinlich auf der zum Positiven veränderten Einstellung der Familie zu dem Kind (was ja üblicherweise bedeutet, daß man sich mehr mit ihm befaßt) und auf hoffnungsvollen Erwartungen des Kindes selbst und der Familie, daß die Diät sein Verhalten bessere. Es sind darum sorgfältig angelegte Untersuchungen durchgeführt worden, in denen die Familien die gesamte Ernährung zugestellt bekamen, ohne zu wissen, ob sie frei oder nicht frei von Nahrungsmittelzusätzen war. Dabei ergab es sich, daß zumindest eine Sorte von Zusätzen, die künstlichen Farbstoffe, bei einigen Kindern zwar keine eindeutige Hyperaktivität, aber geringgradige Änderungen der Aufmerksamkeit zur Folge hatten. Weil nun immer auch Raum für die Hoffnung ist, daß die von Nahrungsmittelzusätzen freie Diät einigen Kindern helfen kann, ist es ungefährlich, diese Ernährung in ihrer Familie einzuführen, solange Grundsätze einer gesunden Ernährungsweise beachtet werden (die Feingold-Diät schränkt nämlich mehrere beliebte Vitamin-C-haltige Fruchtarten ein). Im großen und ganzen bleiben wir aber pessimistisch, was Zusammenhänge zwischen Nahrungsmittelzusätzen und HA angeht.

Die Frage nach den Nahrungsmittelallergien bleibt weiterhin umstritten. So gibt es Ärzte, die glauben, daß diese Allergien häufig Ursache von Verhaltensproblemen sind, während andere wiederum dies bezweifeln oder einen solchen Zusammenhang für sehr selten halten und ihn höchstens für Säuglinge und Kleinkinder gelten lassen. Die Frage bleibt deshalb so umstritten, weil kein Labortest existiert, mit dem man eine Nahrungsmittelallergie feststellen könnte. Deshalb muß man die Diagnose auf der Grundlage der Symptome stellen – ein Verfahren, das immer zu Meinungsverschiedenheiten führt. Es besteht weitgehende Übereinstimmung, daß der einzig sichere Weg, hier zu einer Diagnose zu gelangen, die Eliminationsdiät ist. Das bedeutet, daß man aus der Ernährung alle Nahrungsmittel außer den Grundnahrungsmitteln wegläßt – eliminiert – und sie dann schrittweise, eines nach dem anderen, wieder hinzufügt und dabei das Verhalten des Kindes beobachtet – eine sehr mühevolle und zeitraubende Prozedur, die von Kind und Eltern viel Geduld verlangt. Deshalb muß der Verdacht auf das Vorliegen einer Nahrungsmittelallergie bei einem ha Kind schon sehr stark sein, ehe man sich zu einer solchen Eliminationsdiät entschließt. Wir haben den Eindruck, daß – wie erwähnt – die Symptome der Nahrungsmittelallergie wirklich verschieden von denen der HA sind. Es kann durchaus geschehen, daß einzelne ha Kinder, die auf bestimmte Nahrungsmittel allergisch reagieren, ihr Verhalten nach dem Weglassen dieser Nahrungsmittel ändern. Wenn Eltern es für möglich halten, daß eine Nahrungsmittelallergie die Ursache der Probleme ihres Kindes ist, sollten sie durchaus einen Arzt aufsuchen, um mit ihm gemeinsam mögliche Allergien aufzuspüren und eine Diät zu erproben, in der die angeschuldigten Nahrungsmittel nicht enthalten sind. Es ist jedoch wichtig für die Eltern, dessen eingedenk zu sein, daß es bisher kaum eine wissenschaftlich fundierte Basis für den Zusammenhang Nahrungsmittelallergie – ha Verhalten gibt.

Kaffee
Vor einigen Jahren wurde behauptet, in Südamerika gäbe es weniger HA – was stimmen kann oder auch nicht –, weil die Kinder dort Kaffee trinken. Da Kaffee Koffein enthält und Koffein ein Stimulans ist und weil Stimulanzien Hyperaktiven helfen, schloß man kurzerhand, man könne Koffein zur Behandlung der HA einsetzen.
Die wenigen Untersuchungen, die zu diesem Zwecke durchgeführt

worden sind, lassen den Schluß zu, daß Koffein allein für die Behandlung der HA nicht brauchbar ist. In Kombination mit Stimulanzien erhöht es deren Wirkung; aber das gleiche erreicht man viel einfacher durch Erhöhung der Stimulanzien-Dosis. Die im Vergleich zu den Stimulanzien zu geringe Wirksamkeit des Koffeins und seine unerwünschten Nebenwirkungen machen es zu einer Substanz, die keinen Platz hat in der Behandlung des ha Kindes.

Psychologische Behandlung

Den meisten ha Kindern kann durch Medikation geholfen werden. Aber allen ha Kindern kann durch Verständnis, richtige Behandlung geholfen werden. Ha Kinder haben ihre speziellen Probleme und, wie andere Kinder auch, dazu ganz unspezielle Probleme. Schwierigkeiten, Mißverständnisse, Reibungen zwischen Eltern und Kind belasten auch normale Kinder; dem ha Kind aber machen sie noch mehr zu schaffen. Im Mittelpunkt dieses Buches stehen jedoch die besonderen Symptome, die das ha Kind häufig entwickelt, eben weil es hyperaktiv ist.

Zum Verständnis des Problems

Im ersten Teil dieses Buches brachten wir eine Beschreibung der typischen Probleme des ha Kindes und versuchten zu erklären, warum es diese Probleme hat. Das *Warum* ist sehr wichtig. Es ist schwer zu verstehen, daß ein Kind, welches zuviel Zuwendung verlangt, widerspenstig ist und schnell die Fassung verliert, ein »physisches« Problem hat. Man nimmt dagegen ohne weiteres an, daß es »psychologische« Probleme hat. Wie wiederholt betont, hat es in der Tat psychologische Probleme, aber diese haben physische Ursachen.
Wenn das so ist, wie sollen sich die Eltern verhalten? Oft hat es den Anschein, daß das Kind für sein Verhalten »verantwortlich« ist, wenn das Problem »psychologisch« ist. Ist es brav, dann muß man es loben, ist es böse, muß man es bestrafen. Umgekehrt, wenn das Problem »physisch« zu sein scheint, ist das Kind für sein Verhalten »nicht verantwortlich«. Und in diesem Fall darf es *nicht* belohnt werden, wenn es brav, oder bestraft werden, wenn es böse ist. Aber alle diese Vermutungen sind falsch. Das angeborene Temperament mag

das Verhalten beeinflussen, aber es ist nicht der einzige bestimmende Faktor. Sein Temperament kann es dem Kind leichter oder schwerer machen, sich zu beherrschen. Es kann von Natur aus so veranlagt sein, daß es leicht lernt und sich Erziehungsmaßnahmen fügt. Aber die Einstellung der Eltern zum Kind und ihre Art, es zu behandeln, kann bedeutsam sein.

Seit wenigen Jahren wissen Psychiater und Psychologen, daß Patienten, deren schwere psychische Störungen physisch bedingt sind, duch psychologische Behandlung in bemerkenswerter Weise gebessert werden können. Mongolismus, eine schwere Form geistiger Zurückgebliebenheit, ist physisch verursacht, aber bestimmte Übungsmethoden können den Entwicklungsstand mongoloider Kinder sehr günstig beeinflussen. Psychosen, schwere psychische Erkrankungen bei Erwachsenen, können sich in kindischem, unansprechbarem oder destruktivem Verhalten äußern. Diesen Patienten, deren Symptome schlimmer sind als die irgendeines ha Kindes, kann in vielen Fällen durch bestimmte »Techniken« geholfen werden. Diese Techniken beruhen auf drei Grundsätzen: 1. Der Patient ist für sein Verhalten verantwortlich; 2. er wird für gutes Verhalten belohnt; 3. er wird für schlechtes Verhalten in spezieller Weise bestraft.

So benimmt sich auch das ha Kind besser, wenn man es für sein Verhalten zur Rechenschaft zieht, verantwortlich macht. Es darf weder ausdrücklich noch indirekt sagen: »Ich bin hyperaktiv – ich bin seelisch krank – ich kann also nichts für das, was ich tue.« Es muß so behandelt werden, als ob es verantwortlich wäre, und wenn nötig sollte man ihm etwa folgendes sagen: »Du hast wirklich Probleme, die es dir manchmal schwer machen, dich zu beherrschen. Aber das gilt für alle. Jeder tut sich in manchen Dingen leicht, in anderen schwerer. Du kannst lernen, ›bis zehn zu zählen‹, deine Launen zu beherrschen, deine Schwester nicht zu ärgern, und ich erwarte von dir, daß du es lernst.« Natürlich müssen die Eltern, wie bei allen unseren Vorschlägen, die Worte selbst wählen und so gebrauchen, daß sie zu ihnen und ihrem Kind passen.

Anders ausgedrückt, man darf das Kind weder als unverantwortlich noch als tadelswürdig betrachten. Man sollte es wie jemand behandeln, der eine überdurchschnittliche Neigung hat, gewisse ungehörige Dinge zu tun. Andererseits müssen sich die Eltern darüber klar sein, daß es für die meisten ha Kinder keine Erziehungsmethode gibt, die bestimmte Tendenzen völlig aufheben könnte. Das Kind

wird unter allen Umständen mehr Zuwendung verlangen, wird vergeßlich, geistesabwesend und eigensinnig sein. In den meisten Fällen tut es diese Dinge nicht, um andere zu ärgern. Es tut sie, wie immer auch es erzogen worden ist. Die Unterscheidung zwischen Symptomen, die durch Erziehung gebessert werden können, und solchen, die nur auf Medikation ansprechen, darf nie außer Acht gelassen werden. Sie hält die Eltern von Versuchen ab, mit psychologischen Methoden Dinge ändern zu wollen, die sich so nicht oder bestenfalls nur geringfügig ändern lassen. Die durch psychologische Behandlung nicht beeinflußbaren Symptome variieren von einem Kind zum anderen, meist aber gehören dazu: kurze Aufmerksamkeitsspanne, Ablenkbarkeit, mürrisches Benehmen, Mangel an Ausdauer, schlechte Schulleistungen, Unreife. Hinzu *können* noch kommen: Bettnässen, Einkoten, außerdem manche antisozialen Verhaltensweisen wie Stehlen. Wiederum ist festzuhalten, daß psychologische Techniken diese Probleme beim Kind zwar nicht ändern, ihm aber wesentlich helfen können. Zum Beispiel hat das Kind vielleicht weiterhin Wutanfälle, aber man kann es lehren, was es zu tun hat, wenn es von ihnen überwältigt wird. Darüber jedoch später mehr.
Alles in allem sollten die Eltern drei Dinge nicht vergessen:
1. Dem Kind fällt es wirklich schwer, gewisse Dinge zu tun oder nicht zu tun.
2. Es lernt am besten, mit seinen Problemen fertig zu werden, wenn es als verantwortliche Person, die allmählich lernen kann, sich und ihr Verhalten zu kontrollieren, behandelt wird.
3. Das Ausmaß, inwieweit seine Symptome durch bestimmte Erziehungstechniken gebessert werden können, schwankt.
Man kann ihm viel leichter beibringen, sein Temperament zu zügeln oder die Verantwortung für seine häuslichen Pflichten zu übernehmen, als eine längere Aufmerksamkeitsspanne zu entwickeln oder weniger ablenkbar zu sein. Die erste Art von Problemen (z. B. Temperament, Verantwortungsbereitschaft) können sowohl durch Medikamente als auch durch Erziehungsmaßnahmen günstig beeinflußt werden, die zweite (etwa die kurze Aufmerksamkeitsspanne) meistens nur durch Medikation.

Besondere Maßnahmen

Die größte häusliche Schwierigkeit des ha Kindes betrifft, wie mehrfach erwähnt, die Disziplin. Wenn wir im folgenden die besonderen Maßnahmen erörtern, die dem Kind helfen, in seiner häuslichen Umgebung zurechtzukommen, besprechen wir zuerst die konstruktiven Regeln, welche die Eltern für das Kind aufstellen müssen. Der zweite Abschnitt behandelt die Belohnungen und Bestrafungen, die das Kind wahrscheinlich veranlassen, sich nach den Regeln zu richten.

Regeln
Es ist hinreichend belegt, daß gewisse Methoden, mit einem ha Kind umzugehen, wirksamer sind als andere. Es hat sich herausgestellt, daß eine *feste, konsistente, genau umrissene, vorhersagbare* häusliche Umgebung am besten ist. Wir werden die besondere Bedeutung dieser Termini im Zusammenhang mit der Disziplinierung des ha Kindes genau definieren.
Fest heißt, daß Regeln und bzw. oder Erwartungen an das Kind für das Kind *immer* dieselben Konsequenzen haben. Wenn es eine bestimmte Regel verletzt, wird es *immer* zur Verantwortung gezogen und immer auf dieselbe Weise. Wenn es tut, was von ihm verlangt wird, erhält es *immer* Anerkennung und bzw. oder Lob.
Konsistent heißt, daß die Regeln selbst sich nicht von Tag zu Tag ändern. Wenn von dem Kind erwartet wird, daß es sein Zimmer in Ordnung bringt, bevor es zum Spielen ins Freie geht, darf es *niemals* das Zimmer verlassen, bevor es in Ordnung gebracht ist.
Genau umrissen heißt soviel wie klar definiert und von allen Beteiligten genau verstanden. So kann zum Beispiel »in Ordnung gebracht« heißen, daß die Kleider in den Schrank gehängt sind oder daß das Bett gemacht ist oder daß die Spielsachen ins Regal zurückgelegt sein müssen oder daß der Teppich gesaugt und die Möbel abgestaubt sind oder irgendeine andere derartige Verrichtung. Die Definition des Begriffs »in Ordnung gebracht« muß so genau umrissen sein, daß Kind und Eltern sie im gleichen Sinne verstehen.
Vorhersagbar heißt, daß Gesetze vor, nicht nach dem Vergehen erlassen werden. Natürlich ist es für die Eltern unmöglich, alles, was sie von ihren Kindern erwarten, vorher zu sagen. Sie ziehen niemals in Betracht, dem Krabbelkind etwa zu sagen, daß es den Nagellack nicht auf den Teppich schütten darf, oder daß es einen abgerissenen Knopf

nicht ins Ohr stecken soll. Über manche Dinge kann man erst reden, nachdem sie passiert sind. Im allgemeinen jedoch können und sollen für die meisten alltäglichen Dinge Regeln gemacht und ihre Befolgung durchgesetzt werden. Das Kind muß sich waschen, seine Zähne putzen, seinen Beitrag bei der Hausarbeit erfüllen und seine Schulaufgaben machen. Regeln, die diese Verrichtungen betreffen, sollten erlassen werden. Jeder Zuwiderhandlung dieser Regeln sollten Konsequenzen folgen, nicht jedoch, wenn sich beide Teile nicht vorher auf die Regeln geeinigt haben. Analog konsistente und vorhersagbare Regeln stellen die Geschwindigkeitsbegrenzungen für Autofahrer dar. Es ist leichter, eine bestimmte Höchstgeschwindigkeit, etwa 100 km/h, einzuhalten, als sich nach der vagen Angabe »vernünftig und angemessen«, wie es in manchen Ländern heißt, zu richten. Bei dieser vagen Höchstgeschwindigkeit weiß man nicht, wie schnell man fahren kann, wenn es dämmert und ein leichter Regen fällt. Ein ängstlicher Mensch fährt dann etwa mit 50 km/h; ein anderer, der mit 70 km/h fährt, ist jedoch mit Recht empört, wenn er einen Strafzettel bekommt.

Die obigen Vorschläge mögen den Eltern hart oder sogar grausam vorkommen. Auch scheinen sie verschiedenen wohlwollenden und duldsamen Lehrsätzen zu widersprechen, die dafür eintreten, daß man die Kinder ihren Kram allein erledigen läßt, und daß Eltern und Kinder die fälligen Probleme miteinander durchsprechen. Lassen Sie uns einige verbreitete Mißverständnisse berichten.

1. Festigkeit ist nicht dasselbe wie Härte. Härte ist die extrem strenge oder brutale Durchsetzung von Vorschriften. Es ist hart, jemanden lebenslänglich einzusperren, weil er zu schnell gefahren ist. Es ist fest, ihn *jedesmal* mit einer Geldstrafe zu belegen.

2. Die Kinder brauchen einen Rahmen. Sie müssen wissen, wonach sie sich zu richten haben, was man von ihnen erwartet und nach welchen Werten man leben muß. Ein derartiger Rahmen ist nicht gleichbedeutend mit Freiheitsentzug.

Alle Menschen, die in einer Gesellschaft leben, müssen gewisse Regeln und Erwartungen erfüllen, wenn die Gesellschaft befriedigend funktionieren soll. Die Erwachsenen dürfen nicht stehlen, nicht Auto fahren, wenn sie betrunken sind, kein Geld unterschlagen. Sie dürfen nicht in der Öffentlichkeit urinieren. Es ist für den einzelnen von Vorteil, sich in Übereinstimmung mit diesen Regeln zu befinden. Er spart sich vor allem eine Menge Unannehmlichkeiten. Aber manche

Menschen erfahren durch das Festhalten an den Spielregeln der Gesellschaft direkte Förderung. Wer es nur schlecht gelernt hat, seine Antriebe zu beherrschen, muß einen großen Teil seiner Energie auf seine Selbstkontrolle verwenden. Der bekehrte Alkoholiker oder Drogensüchtige muß sich sehr anstrengen, wenn er nicht rückfällig werden will. Wer andererseits gelernt hat, sich selbst zu beherrschen, hat Energien zur Verfügung, die er anderswo gut einsetzen kann.
Man beachte, daß hiermit kein Gegensatz zu Selbstverwirklichung oder Kreativität ausgesprochen wird. Schöpferisch tätig kann nur sein, wer seine Kräfte in der Hand hat. Kann ein Mensch seine Energien nicht in bestimmte Kanäle leiten, so ist er vielleicht ein Genie, aber nicht produktiv. Denken wir an das alte Sprichwort: Genie ist ein Prozent Inspiration und 99 Prozent Fleiß. Feste, konsistente Verhaltensvorschriften haben weder mit der Selbstverwirklichung des Kindes noch mit dem Einverständnis zwischen Eltern und Kind etwas zu tun. Wir meinen damit Regeln für das Verhalten, *nicht* für Gedanken und Gefühle. Gedanken und Gefühle sind etwas *ganz* anderes als Verhalten. Sie können nicht durch Vorschriften geordnet werden, und die Eltern sollten *keinen* diesbezüglichen Versuch unternehmen. Wie wir noch sehen werden, sollen die Eltern ihrem Kind helfen, seine Gefühle anzuerkennen und auszudrücken. Aber sowohl Eltern als auch Kind sollten immer zwischen Gefühlen und Verhalten unterscheiden. Zum Beispiel sollten die Eltern eines ha Kindes diesem erlauben, eifersüchtige Gefühle gegen eine neugeborene Schwester auszudrücken, aber sie dürfen ihm nicht erlauben, sie zu schlagen. Es muß völlig klar sein, daß Eifersuchtsgefühle und Schlagen aus Eifersucht so verschieden sind wie Tag und Nacht.
Schließlich muß die Einführung fester Regeln auch nützliche Diskussionen zwischen Eltern und Kind keineswegs beeinträchtigen. Wenn das Kind älter wird, sollten solche Gespräche sicherlich zum Familienleben gehören, aber auch wenn es noch klein ist, können sie hilfreich sein. Das Kind schlägt vielleicht vor, wie es seine Aufgaben auf eine Weise erledigt, die *ihm* lieber ist, aber der Familie weniger zusagt. Solche Diskussionen sind durchaus empfehlenswert und sollten ermutigt werden.* Aber das Durchsprechen der Probleme darf

---

* Eine ausgezeichnete Erörterung dieses Themas finden die Eltern in Thomas Gordon: Familienkonferenz, Hoffmann und Campe, Hamburg 1972.

nicht verhindern, daß Regeln aufgestellt werden. Es kann sie in bezug auf Inhalt und Formulierung beeinflussen, darf aber ihre Exaktheit und Konsistenz nicht beeinträchtigen.

Welche Beweise gibt es, daß der hier empfohlene »Rahmen« für das Kind nützlich ist? Sehr interessante Information bringt eine Studie über schwer ha Kinder aus der Mitte der dreißiger Jahre. Das Verhalten dieser Kinder war so unkontrollierbar, daß sie in ein Krankenhaus für Kinder mit Verhaltensproblemen gebracht werden mußten. Die Ärzte hatten keinerlei Erfahrung mit derartig schwer gestörten Kindern und probierten verschiedene Behandlungstechniken aus, um zu sehen, welche am erfolgreichsten sei. Als erstes nahmen sie an, die Symptome dieser Kinder seien eine Folge exzessiven emotionalen Drucks und starker Spannungen. Sie begegneten den Kindern mit sehr viel Toleranz. Dies führte zu einer kurzen Periode der Besserung, welcher aber bald ein Rückfall in dieselben Verhaltensweisen folgte.

Als zweites versuchte man es mit individueller Psychotherapie, die für die Kinder etwas Neues war. Auch dieser Ansatz erwies sich als Fehlschlag. Schließlich entschieden sich die Ärzte für ein gleichzeitig »konstruktives, restriktives und tolerantes« Milieu. Die Regeln wurden nicht lax gehandhabt, von den Kindern wurde vielmehr erwartet, daß sie sich ihnen genau fügten. Für impulsives Verhalten wurden sie isoliert, aber nicht getadelt (wir werden diese Isolierung noch erörtern), und nachdem sie sich beruhigt hatten, half man ihnen, sich auszudrücken. Diese letztere Technik erwies sich klar als die beste, und viele Kinder konnten aus dem Heim entlassen werden. Unglücklicherweise zeigten sich bei Kindern, die in Familien zurückkehrten, in denen die Eltern nicht fest sein konnten, nach einiger Zeit erneut Störungen; sie mußten erneut in das Heim. Es muß ausdrücklich betont werden, daß nicht alle Kinder auf diese (oder irgendeine andere) Technik ansprachen, aber diese führte zu den besten Ergebnissen.

Es gibt also gute Gründe für die Annahme, daß ha Kindern mit dieser Erziehungsmethode geholfen werden kann. Ebenso gibt es Gründe für die Annahme, daß sie am wirksamsten ist, wenn sie schon in früher Kindheit einsetzt, und daß sie verhältnismäßig wirkungslos bleibt, wenn sie zu spät beginnt. Die besprochene Methode kann dem Kind im Vorschulalter oder in den ersten Schuljahren sehr wirksam helfen; bei einem ha Kind, das sich der Adoleszenz nähert, ist sie dagegen vielleicht völlig nutzlos.

Welche Regeln im einzelnen in einer bestimmten Familie eingeführt werden, hängt von der Entscheidung der Eltern und dem Alter des Kindes ab. Theoretisch können die Eltern x-beliebige Regeln aufstellen und das *kleine* Kind lehren, sie zu befolgen. (Die Regeln und Normen für kindliches Verhalten sind in verschiedenen Kulturen weithin verschieden, aber jede Gesellschaft bringt »Normalprodukte« hervor, Kinder, die an das Leben in dieser Gesellschaft gut angepaßt sind.) Wenn das Kind älter wird, nehmen die Entscheidungsmöglichkeiten der Eltern ab. Das kleine Kind weiß meistens nur, wie es in seiner eigenen Familie zugeht. Das ältere sieht, wie andere Kinder und ihre Familie leben, und neigt zur Rebellion, wenn die Maßstäbe seiner Eltern sich gar zu sehr davon unterscheiden. Eine Mutter kann ihrem Zweijährigen die Locken lang wachsen lassen, und er weiß nicht genug, um zu protestieren, aber es wäre töricht von ihr, ihrem Vierzehnjährigen einen Bürstenhaarschnitt aufzwingen zu wollen, wenn alle seine Freunde aussehen wie George Washington. Je früher das Kind Regeln und Werte annimmt, desto größer ist die Wahrscheinlichkeit, daß es auch später an ihnen festhält, selbst angesichts abweichender Maßstäbe außerhalb seiner Familie.

Wir wiederholen: Die zu besprechenden Methoden sind am erfolgreichsten bei kleineren Kindern, etwa bis zum Alter von zehn oder elf Jahren. Sie können nur angewendet werden, wenn das Kind noch von seinen Eltern abhängig ist und von ihnen geführt wird; für Teenager sind sie *nicht* bestimmt. Diese benötigen eine andere psychologische Technik.

Bei kleineren Kindern müssen die Eltern vor allem entscheiden – konkret und im einzelnen –, welche Verhaltensweisen des Kindes eingeschränkt oder geändert werden sollen. Es ist wichtig, konkret zu sein und ins einzelne zu gehen, damit die Regeln klar und genau umrissen, wie oben erörtert, formuliert werden können. Wir werden nun einige Beispiele vager, nichtssagender Regeln geben und vorschlagen, wie sie klarer gefaßt werden können.

A) »Er sollte sein Zimmer in Ordnung bringen.« Wie wir bereits bemerkten, ist dies eine zweideutige Regel. Wenn mit »in Ordnung bringen« gemeint ist »alles aufräumen«, das Kind aber versteht »Mach dein Bett!«, kommt es sich ungerecht behandelt vor, wenn es sein Bett macht, weggeht und dann getadelt wird. Außerdem läßt die Formulierung Raum für endlose Debatten. Das Kind brachte das Zimmer nach *seinen Begriffen* in Ordnung, nicht nach denen der Mutter.

B) »Sie sollte bessere Tischmanieren haben.« Das kann heißen: Sie soll mit der Gabel essen, nicht mit den Fingern; sie soll eine Serviette auf die Knie legen; sie soll »bitte« sagen; sie soll sich den Teller nicht zu voll laden; usw.
C) »Er sollte seine kleine Schwester besser behandeln.« Das kann bedeuten: Er darf sie nicht schlagen; er muß sie mit seinen Spielsachen spielen lassen; er darf nicht zurückschlagen, wenn sie nach ihm stößt; usw.
D) »Sie sollte sich ordentlicher halten«. Dies könnte bedeuten: Sie soll ihre Schuhbänder binden, ihre Bluse zuknöpfen, das Gesicht waschen, die Zähne putzen.

Nicht nur das Kind ist sich im unklaren, was die Eltern meinen, wenn sie sich nicht im einzelnen erklären (es kann und wird außerdem mit ihnen debattieren wie ein Rechtsanwalt, was sie gemeint haben könnten), sondern auch die Eltern haben es viel schwerer, wenn sie beurteilen wollen, ob ihr Kind Fortschritte gemacht hat.

Die zweite Aufgabe der Eltern ist, eine Hierarchie der Regeln aufzustellen, je nach ihrer größeren oder geringeren Bedeutung. Sie müssen festlegen, was ganz wesentlich und was wichtig ist, was erfreulich wäre und was alltäglich ist. Sie müssen zwischen »Fünf-Sterne-« und »Ein-Stern-Regeln« differenzieren. Sie müssen die Strafe auf das Vergehen abstimmen, müssen Kapitalvergehen und leichtere Taten unterscheiden. Sie dürfen sozusagen nicht falsches Parken mit dem elektrischen Stuhl ahnden und Mord mit einer Verwarnung durchgehen lassen. Es gab zum Beispiel Eltern, die als Strafe für schwere Brandstiftung eine Unterredung und als Strafe für eine schlechte Hausaufgabe eine tüchtige Tracht Prügel verwendeten. Der Nutzen der Aufstellung von »Fünf-Sterne-« und »Ein-Stern-Regeln« besteht darin, daß die Eltern Akzente setzen und sich vorerst auf das Wichtigste konzentrieren können, während das Kind sozusagen Atemraum erhält. Nachdem die wesentlichsten Probleme unter Kontrolle gebracht sind, kann man zur nächsten Kategorie fortschreiten.

Eine weitere Aufgabe der Eltern ist es, sich darauf zu einigen, daß beide Seiten den vorgesehenen Kurs einhalten. Das ist durchaus nicht immer einfach. Wie bereits erwähnt, hat häufig jeder Elternteil seine eigene (in der Regel nicht allzu erfolgreiche) Technik beim Umgang mit dem Kind gefunden, und unglücklicherweise glaubt meistens jeder, seine Technik sei die einzig richtige und die Probleme des Kindes das Ergebnis der falschen Behandlung durch den anderen. Eine derartige Familienatmosphäre steht im Widerspruch zu der konsistenten einigen Front, die absolut notwendig ist, wenn das ha Kind lernen soll, sein Verhalten besser zu kontrollieren. Es ist nicht unbedingt erforderlich, daß die Eltern völlig übereinstimmen, aber es ist nötig, daß sie gemeinsam handeln. Wenn die Eltern nicht in der Lage sind, ihre Meinungsverschiedenheiten zu bereinigen und sich auf Regeln und Maßstäbe hinsichtlich des Verhaltens ihres ha Kindes zu einigen, können sie vielleicht aus einer psychologischen Beratung Nutzen ziehen. Mit Hilfe eines Psychiaters, Sozialfürsorgers oder Psychologen mag es ihnen gelingen, ihre gegensätzlichen Ansichten auszugleichen und sich auf die Regeln, die das ha Kind braucht, sowie deren relatives Gewicht zu einigen.

Belohnung und Strafe
Neben der Aufstellung vernünftiger Regeln, die dem Kind helfen, müssen sich die Eltern auch für ein System von Belohnung und Strafe entscheiden, das die Durchsetzung der Regeln unterstützt. Belohnungen und Bestrafungen sollten als solche vom Kind, nicht von den Eltern anerkannt werden. Die Wörter *Belohnung* und *Bestrafung* haben für manche Menschen einen üblen Beigeschmack. Belohnung klingt nach Bestechung, Bestrafung nach Brutalität. Aber Belohnung meint hier nur etwas, was das Kind gern hat, vor allem Aufmerksamkeit, Lob oder ein kleines besonderes Privileg. Gewisse Vergünstigungen (Spielsachen oder dergleichen) können unter bestimmten Bedingungen, auf die wir noch zu sprechen kommen, gute Dienste leisten. Ebenso bedeutet Bestrafung lediglich etwas, was das Kind nicht gern hat. Nicht gemeint damit sind Schläge oder Entzug von Vergünstigungen für lange Zeit. Bei kleineren Kindern besteht die sehr wirksame und nicht verletzende Bestrafung in der Regel darin, daß das Kind auf sein Zimmer geschickt wird, bis es aufhört, sich in unerwünschter Weise zu benehmen, zum Beispiel bei einem Wutanfall, oder bis es eine von ihm verlangte Aufgabe erfüllt, etwa sich anzuziehen. Es ist wirksamer zu sagen: »Geh bitte in dein Zimmer und komm zum Frühstück, wenn deine Schuhe zugeschnürt sind und dein Gesicht gewaschen ist«, als das Kind anzuschreien und bzw. oder zu schlagen. Wir werden auf die Frage nach differenzierteren Arten des Belohnens und Bestrafens kurz zurückkommen.
Es gibt zwei weitere, sehr wichtige Grundsätze hinsichtlich Belohnung und Strafe. 1. Beide sollen, um ihre höchste Wirksamkeit zu

entfalten, *unmittelbar* erfolgen. Jeder Aufschub verringert den Effekt. Tut das Kind, was es tun soll, so lobe man es sofort. Handelt es einer Anordnung zuwider, strafe man es gleich. Keine Versprechungen für die Zukunft machen (»Was du dir wünschst, bekommst du in zwei Wochen«), keine Strafandrohungen aussprechen (»Papi wird dich heute abend bestrafen, wenn er heimkommt«). 2. Die *Einmal-Regel* sollte eingeführt werden. Die Eltern müssen sich angewöhnen, nur ein einziges Mal zu sagen: »Tu dies, tu jenes nicht«, bevor sie belohnen oder strafen. Wenn sie sich nicht an diese Regel halten, wenn sie die erste, zweite, dritte und zehnte Warnung geben, bevor sie handeln, gewöhnen sich die Kinder an, zehnmal das Gesetz zu brechen, bevor sie sich darum kümmern. Unterdessen haben die Eltern eine heisere Stimme und eine gute Menge aufgestauten Zorn. In manchen Fällen wartet das Kind geradezu sehnsüchtig auf ein Zeichen von Standfestigkeit von seiten der Eltern. In der Tat sind die Kinder meistens erleichtert, wenn die Eltern endlich handeln. Viele Reibungen können durch Anwendung der Einmal-Regel vermieden werden.
In den letzten dreißig Jahren haben die Psychologen aus Tierexperimenten eine Menge über Belohnung und Strafe erfahren. Die Forscher entdeckten außerordentlich einfache und wirksame Techniken, relativ niedere Tiere wie Tauben und Ratten sehr komplizierte Aufgaben lösen zu lehren. Es ist zum Beispiel gar nicht schwierig, eine Ratte zu lehren, daß sie beim Aufleuchten eines bestimmten farbigen Lichts einen Hebel niederdrücken muß, um Futter zu erhalten, und daß sie einen zweiten Hebel betätigen muß, um keinen elektrischen Schlag zu bekommen, sobald ein anderes Licht erscheint. Mit Hilfe dieser Techniken kann man eine Ratte lehren, einen Hebel sehr langsam niederzudrücken, wenn sie unter einer Reihe von Bedingungen Futter haben will, und sehr schnell, wenn eine Reihe anderer Bedingungen gegeben ist.
In den letzten zwanzig Jahren fanden die Psychologen heraus, daß dieselben Techniken manchmal auch gute Dienste leisteten beim Unterricht und der Verhaltenskontrolle menschlicher Wesen, deren psychische Schwierigkeiten so groß zu sein schienen, daß sie von keiner bisher bekannten Technik erreicht werden konnten. Zu diesem Personenkreis gehören stark zurückgebliebene Kinder und Erwachsene, Kinder, die trotz normaler Intelligenz nicht sprechen können und schwer gestörte, psychiatrischer Behandlung bedürftige Erwachsene. Vor einigen Jahren hat eine Gruppe von Psychologen den Versuch

gemacht, diese »operanten« Techniken bei Kindern mit Verhaltensproblemen anzuwenden. Die operanten Techniken – auch operante Konditionierung genannt – sind nichts anderes als ausgeklügelte Kombinationen von Belohnungen und Strafen.

Die genauen Regeln und Gesetze der operanten Konditionierung sind ziemlich kompliziert, aber das Grundprinzip, von dem die Eltern Gebrauch machen können, ist überraschend einfach. Es lautet: *Handlungen werden von ihren Konsequenzen beeinflußt.* Das heißt: Das, was geschieht, nachdem ein Tier oder Kind eine bestimmte Sache getan hat, beeinflußt in hohem Maße – entweder positiv oder negativ –, ob das Tier oder Kind dieselbe Sache ein zweites Mal tut. Für die Eltern bedeutet das: Die Art, wie sie reagieren, wenn ihr Kind etwas tut oder sagt, vermehrt oder verringert die Wahrscheinlichkeit, daß es sich weiterhin so verhält.

Dieses Prinzip kann am leichtesten durch das Beispiel der *operanten Konditionierung* von Tieren erläutert werden. In einem typischen Versuch wird eine hungrige Ratte in einen einfachen Käfig mit einem Hebel gesetzt. Die Ratte erforscht ihre neue Umgebung und drückt schließlich zufällig auf den Hebel. Daraufhin wird automatisch ein Futterkügelchen freigegeben, das in die Futterschale fällt. Wenn man die Ratte durch eine Einwegscheibe beobachtet, kann man sehen, daß sie eine Zeitlang nicht zu dem Hebel zurückkehrt. Schließlich drückt sie ihn, vielleicht zufällig, wieder nieder und wird abermals mit Futter belohnt. Bei weiterer Beobachtung findet man, daß sie allmählich »hinter die Sache kommt«. Nach ein oder zwei Tagen Gefangenschaft in diesem Käfig geht die Ratte, sobald sie Hunger hat, sofort zu dem Hebel und drückt ihn nieder.

Wir verwendeten oben die Redewendung »hinter die Sache kommen«; damit ist eine Art Verständnis impliziert. Aber wir wissen nichts über das Bewußtsein von Ratten, und deshalb ist der Ausdruck vielleicht mißverständlich. Bei Menschen jedenfalls können solche Verhaltensweisen unbewußt gelernt werden. Manche Versuche scheinen zu beweisen, daß der Mensch lernt, gewisse Verhaltensweisen zu ändern, ohne sich der Sequenz, die die Veränderung hervorrief, auch nur im geringsten bewußt zu werden. Das heißt, Menschen können Gewohnheiten entwickeln, die bestimmte Konsequenzen für sie haben, ohne im entferntesten die Beziehungen zu durchschauen, die zwischen den Gewohnheiten, den aus ihnen sich ergebenden Handlungen und den Folgen dieser Handlungen bestehen.

Um das Prinzip noch einmal durch einen Tierversuch zu illustrieren, wollen wir eine typische Demonstration in einem psychologischen Elementarkurs erörtern. Eine hungrige Taube wird in einen Käfig gesetzt. Außerhalb des Käfigs steht der Versuchsleiter, der das Tier durch eine Einwegscheibe beobachten kann. Er kann auch einen Schalter betätigen, der mit einem »Klick« ein einzelnes Getreidekorn in eine Futterschale im Käfig gleiten läßt. Der Versuchsleiter kann nun unter den für eine Taube denkbaren Verhaltensweisen irgendeine beliebige auswählen, welche die Taube vorführen soll. In einem Fall bestimmte man, die Taube solle sich in Richtung gegen den Uhrzeigersinn herumdrehen wie eine Tänzerin. Der Versuchsleiter wartete also, bis die Taube bei ihrer normalen Wanderung durch den Käfig eine leichte Linksdrehung machte. Nachdem dies geschehen war, betätigte er den Schalter, und die Taube erhielt ein Getreidekorn. Nach 20 oder 30 Sekunden machte die Taube wieder eine Linksdrehung und nahm wieder ein Korn in Empfang. In den nun folgenden paar Minuten begann die Taube langsam in Linksrichtung zu rotieren. Nach einer Weile löste der Versuchsleiter wieder ein Korn aus. Während der nächsten fünf oder zehn Minuten begann sich die Taube unablässig im Kreise zu drehen. Der Versuchsleiter wartete, bis sie sich schnell drehte, und belohnte sie dann, und nur dann, mit einem Korn. Wenn sich nun die Taube langsam drehte, bekam sie nichts, wenn sie sich schnell drehte, erhielt sie das Korn. Nach einer halben Stunde war der erstaunte Kurs Zeuge, wie sich eine Taube in ihrem Käfig drehte gleich einem tanzenden Derwisch. Dieser Versuch zeigt, welche komplizierten Aufgaben auch niedrigere Tiere auf diese Weise lernen können. Noch komplexere Verhaltensweisen können Menschen lernen, wobei (was durch Tierversuche nicht gezeigt werden kann) dieses Lernen sowohl ohne als auch mit Beteiligung des Bewußtseins der Person geschehen kann.

Bevor wir die Frage prüfen, welche Bedeutung diese Versuche für Menschen haben, möchten wir einen Augenblick abschweifen, um zwei, und nur zwei, Fachausdrücke der operanten Konditionierungstherapie zu definieren. Der erste Fachausdruck ist *Operant*, der zweite *Verstärkung*. Ein Operant ist jeder Willensakt, den ein Tier oder Mensch vollziehen kann. Das Hebeldrücken der Ratte gehört dazu und das Kreisen der Taube. Tatsächlich gehören die meisten Verhaltensweisen dazu, bei Kindern etwa: sprechen, um Zuwendung betteln, Wutanfälle haben, mitten in der Nacht aufwachen, lügen, stehlen, weinen, brandstiften, Gedichte schreiben, philosophieren – kurzum, fast alles. »Verstärkung« ist ein Synonym für »Belohnung«. In den geschilderten Tierversuchen war Futter die Verstärkung. Futter ist für ein hungriges Tier belohnend oder verstärkend. Was ist nun für Kinder verstärkend? Das hängt von ihrem Zustand ab. Für die Ratte, die sich sattgegessen hat, ist Futter nicht mehr verstärkend; sie wird keinen Hebel mehr niederdrücken, um welches zu erhalten. Bei der Arbeit mit sehr schwer gestörten psychisch Kranken haben Therapeuten gelegentlich Essen als Verstärker verwendet; dies kann wirksam sein, wenn die Patienten mit Nahrung etwas knapp gehalten werden. Ebenso kann Wasser für ein durstiges Kind verstärkend wirken. Indessen werden die meisten kindlichen Handlungen von elterlichen Verhaltensweisen beeinflußt, die etwas ganz anderes sind als einfache Befriedigung von Hunger oder Durst. Natürlich braucht jedes einzelne Kind ganz individuelle Verstärker, aber es *gibt gewisse elterliche Handlungen und Verhaltensweisen, die auf fast alle Kinder verstärkend wirken.* Die wichtigsten sind, wie bereits erwähnt, elterliche Zuneigung und Zuwendung, und wahrscheinlich sind sie bei weitem der häufigste Verstärker im täglichen Leben eines Kindes. Sie sind aber auch wichtig, weil sie in jedem Fall verstärkend wirken, gleichgültig, wodurch sie hervorgerufen werden. Manche Arten von Strafe werden vom Kind daher der Nichtbeachtung vorgezogen. Mißbilligung über die neueste Missetat des Kindes zu äußern, ist gleichbedeutend damit, ihm Zuwendung zu schenken. Die Wahrscheinlichkeit, daß das Kind denselben Fehler wieder begeht, ist deshalb paradoxerweise erhöht, wenn die Mutter lang und breit mit ihm darüber diskutiert.

Wie steht es mit härteren Strafen? Die erwähnten Verstärker werden von den Psychologen »positive Verstärker« genannt. Was der Laie als Strafe bezeichnet, heißt in der psychologische Fachsprache »negative Verstärkung«. Bezüglich der Wirkungen und der Wirksamkeit negativer Verstärkung gelangte man zu gewissen Allgemeinerkenntnissen.

Negative Verstärkung vermindert *im allgemeinen* die Wahrscheinlichkeit einer Wiederholung der Handlung, die ihr vorangig. So ist, wie Generationen von Eltern erfahren haben, eine ordentliche Tracht Prügel eine ziemlich wirksame Maßnahme, das Kind davon abzuhalten, daß es eine eben begangene, den Eltern unerwünschte Handlung gleich noch einmal begeht. Die Ratte, die nach dem Niederdrücken des Hebels einen kräftigen elektrischen Schlag bekam, wird sich zukünftig oder wenigstens in der nächsten Zukunft davor hüten, den Hebel noch einmal zu betätigen. Die Psychologen gewannen auch einige weniger selbstverständliche Erkenntnisse über die Strafe. Wenn sie sehr hart war (zum Beispiel ein starker elektrischer Schlag, der das Tier nahezu lähmte), so wird die Handlung wahrscheinlich *niemals* wiederholt, aber Strafen dieser Art werden oft von Nebeneffekten begleitet, die das Tier in unerwünschter Weise verändern. Es wird unsicher, unberechenbar und macht oft einen gestörten (»neurotischen«) Eindruck. Hunde, die durch Elektroschocks dazu gebracht wurden, gewisse Dinge zu unterlassen, wurden heimtückisch, nervös, menschenfeindlich oder sehr scheu. Mit anderen Worten: Strafen, die hart genug sind, um anstößiges Verhalten auf die Dauer zu verhüten, können ein Verhalten bewirken, das noch störender ist als das, welches unterbunden wurde.

Wenn also leichte Bestrafung vom Kind als Zuwendung verstanden wird und deshalb unerwünschtes Verhalten verstärkt, schwere Strafe aber mit hoher Wahrscheinlichkeit üble Nebenwirkungen hat, erhebt sich die Frage, ob es überhaupt Formen der Strafe gibt, die vernünftig und wirksam sind. Die Fachleute sind über diese Frage geteilter Meinung, doch scheint es, daß leichtere Strafformen Verhalten unterdrücken können, allerdings nur für kürzere Zeit. Das hieße im erwähnten Versuch, Schocks, die das Tier nicht neurotisch machen, wirken wahrscheinlich nicht lange. Die Relevanz dieser Beobachtung für Kinder ist offensichtlich. Eltern sollen nur mäßig strafen, und bei ha Kindern, die sich oft aus Strafe nicht besonders viel machen, sollte man nicht damit rechnen, daß diese auf lange Sicht wirkt.

Andererseits wirkt auch positive Verstärkung nicht für alle Zeit, aber mit bestimmten Modifizierungen kann sie doch sehr lang andauern. Sobald das Kind nur ein paar Schritte auf dem rechten Weg gemacht hat, erhält es von Menschen außerhalb der Familie zusätzliche Verstärkung. Sowie es gelernt hat, sich höflich und nicht aggressiv zu verhalten und einigermaßen zu gehorchen, empfängt es Verstärkung durch die wohlwollende Aufmerksamkeit anderer Personen, und es gewinnt Freunde und hat Erfolg.

Positive Verstärkung sorgt noch durch eine andere charakteristische Eigenschaft für lang anhaltende Wirkung. Auch dieser Aspekt kann durch Tierversuche veranschaulicht werden. Wenn eine Ratte dressiert wird, einen Hebel niederzudrücken, bekommt sie nach jedem Hebeldruck Futter. Wenn man aufhört, Futter zu geben, sooft sie den

Hebel betätigt, drückt sie nach einer Weile immer seltener und hört schließlich ganz damit auf. Aber man kann durch eine ganz einfache Modifikation die Ratte veranlassen, viel länger für viel weniger Futter zu arbeiten. Wir verändern die Maschine so, daß sie zuerst nur auf jeden zweiten Hebeldruck hin eine Futterpille spendet. Nach einiger Zeit stellen wir sie so ein, daß nur nach jedem dritten, vierten usw. Hebeldruck Futter freigegeben wird. Dann verändern wir die Maschine so, daß die Ratte sozusagen Lotterie spielt, das heißt, sie bekommt *durchschnittlich* auf jeden 20. oder 50. oder 100. Hebeldruck hin Futter. Manchmal fallen drei Kügelchen auf einmal heraus, manchmal muß sie den Hebel 200mal niederdrücken, nur um ein einziges zu erhalten. Eine Ratte, die sich einmal nach diesem System ernähren mußte, ist ziemlich widerstandsfähig gegen den Verlust ihrer Gewohnheit. Wiederum ist die Parallele zum Kind offensichtlich. Man beginnt damit, es jedesmal zu verstärken, wenn es sich in erwünschter Weise verhält. Nach einer Weile ändert man sozusagen den Zahlungsmodus und verstärkt es allmählich für dasselbe Verhalten weniger oft. Wie die Ratte, bei der die Verstärkung langsam abgebaut wurde, wird das Kind nun wahrscheinlich bei dem erwünschten Verhalten bleiben, auch ohne daß es jedesmal verstärkt wird.

Nachdem wir die Strafe abgelehnt haben, und zwar nicht aus humanitären, sondern aus praktischen Gründen, müssen wir eine kleine Einschränkung machen und erklären, daß sie doch bis zu einem gewissen Grad wirksam und vor allem in Situationen, die lebensbedrohlich oder gefährlich sind, wichtig sein kann. Das zweijährige Kind, das auf die Straße in den Verkehr und damit möglicherweise in den Tod rennt, sollte sofort ziemlich hart bestraft werden. Die Wahrscheinlichkeit, daß es in nächster Zukunft wieder kopflos hinausstürzt, wird dadurch geringer. Noch wirksamer wird man es von der Straße fernhalten, wenn man es für Handlungen, die sein Davonlaufen verhindern (zum Beispiel auf dem Rasen bleiben oder im Hof spielen), positiv verstärkt. Strafe ist also ausnahmsweise ein gutes Mittel, aber auf lange Sicht bei den meisten ha Kindern wirkungslos.

Ein Punkt, den wir bereits berührten, der aber Wiederholung verdient, ist die Beantwortung der Frage, *wann* die Verstärkung erfolgen sollte. Sie erfordert nur ein einziges Wort: *sofort*. Bei den Tierversuchen beruht der Erfolg der Technik darauf, daß das Tier die Verstärkung in dem Augenblick erhält, der auf die Handlung – das Operant – folgt. Ein Aufschub von einer Sekunde vermindert die Wirksamkeit ein wenig, ein Aufschub von fünf Sekunden beträchtlich; ein Aufschub von einer Minute Dauer macht Verstärkung unwirksam. Bei Kindern kann die Verzögerung offensichtlich länger dauern, aber im Prinzip verhalten sie sich nicht anders. Positive Verstärkung oder Belohnung und negative Verstärkung oder Strafe sind *viel wirksamer*, wenn sie unmittelbar erfolgen. Wenn das Kind tut, was die Eltern wollen, muß es sofort gelobt werden, wenn es etwas tut, was Strafe nötig macht, muß es sofort bestraft werden. Wie wir bereits bemerkten, ist es nutzlos und Zeitverschwendung, dem Kind Belohnung in zwei Wochen zu versprechen, wenn es jetzt gute Noten bekommt, oder Strafe aufzuschieben, bis der Vater nach Hause kommt. Eine derartige Verstärkung kann im besten Fall für kurze Zeit (eventuell zwei Wochen oder nur den Rest des Tages) wirken, aber keinerlei Langzeiteffekt haben.

Nach alledem erhebt sich die Frage, wie diese Techniken praktisch bei Kindern angewendet werden können. Es gibt eine formelle und eine informelle Anwendung. Ein wichtiges Prinzip der informellen Anwendung ist natürlich, daß die Kinder sofort positiv verstärkt werden, wenn sie tun, was die Eltern wünschen. Sobald das Kind einmal weiß, was seine Eltern wünschen (zum Beispiel die Schuhe aufräumen, »bitte« sagen), wird es von den Eltern sofort in angemessener Weise verstärkt, wenn es die Wünsche erfüllt. Mit »angemessener Weise« ist gemeint, daß die Eltern das erwünschte Verhalten mit glaubwürdigen und besonnenen Worten kommentieren. Wenn der Junge die Schuhe aufräumen soll und dies tut, sollte die Mutter nicht sagen: »Du bist ein wundervolles Kind.«, sondern: »Es freut mich sehr, daß du lernst, für deine Sachen zu sorgen wie ein großer Junge.« Kinder merken genau wie Erwachsene, daß übermäßiges Lob *unehrlich* ist. Das Kind muß genau wissen, wofür es gelobt wird.

Das entsprechende Prinzip, das angewendet werden müßte, wenn das Kind sich in unerwünschter Weise verhält, wäre theoretisch, daß es nicht beachtet würde. Aber wie können die Eltern unerwünschtes Verhalten ignorieren? Wenn das Kind den Clown spielt, ist dies leicht; wenn es aber seine dreijährige Schwester pufft oder die Wohnungseinrichtung zerstört, ist Nicht-Beachten gefährlich bzw. kostspielig. Wenn es lediglich auf harmlose Weise Aufmerksamkeit auf sich ziehen will, ist Ignorieren leicht; verhält es sich dagegen destruktiv oder schädlich, muß mit dem Ignorieren die *»Isolationsraum-Technik«* kombiniert werden.

Der Nutzen des Isolationsraums wird klar, wenn man sich überlegt, was für gewöhnlich geschieht, wenn sich ein Kind schlecht benimmt. Schlägt das Kind zum Beispiel die Schwester, so fragt die Mutter mindestens: »Warum tust du das?« Das Kind erhält also Aufmerksamkeit, Zuwendung für sein schlechtes Betragen. In Übereinstimmung mit den erörterten Prinzipien erhöht die Zuwendung die Wahrscheinlichkeit, daß das Kind die unerwünschte Handlung wiederholt. Anders gesagt, der übliche Wortwechsel der Mutter mit dem Kind führt wahrscheinlich später zu noch größerem Fehlverhalten. Bei der »Isolierraum-Technik« wird das Kind vorher informiert, daß es in sein Zimmer geschickt werden wird, sobald es sich schlecht benimmt. Wenn dieser Fall dann tatsächlich eintritt, sagt man ihm einfach, daß es jetzt in sein Zimmer gehen soll und erst dann herauskommen darf, wenn es die Kontrolle über sich selbst wiedererlangt hat. Geht es gutwillig, schön; muß es getragen werden, so ist das weniger schön, aber wirksam. Wenn es versucht, den Raum zu verlassen, sollte man die Tür abschließen. Solange das Kind sich in einem verschlossenen Raum befindet, dürfen die Eltern auf keinen Fall das Haus verlassen, wegen der – wenn auch seltenen – Gefahr eines Brandes oder anderer Zwischenfälle. Wenn es sich beruhigt hat – oder im Fall des älteren Kindes, wenn es versichert, daß es sich beruhigt hat und selbst herauskommt –, dann, und erst dann, setzt sich die Mutter mit dem Kind zusammen und bespricht mit ihm, worüber es sich vorher geärgert hat. Bei dieser Technik erhält das Kind dafür Zuwendung, daß es sich beherrscht, nicht dafür, daß es die Kontrolle über sich verliert. Nach einiger Erfahrung mit diesem Vorgehen lernt das Kind meist, von selber in sein Zimmer zu gehen, wenn es außer Fassung gerät, und herauszukommen, wenn es sich wieder beruhigt hat. Wenn sich das Kind in seinem Zimmer aufhalten muß, dürfen die Eltern nicht nachgiebig werden, sondern sie müssen konsequent warten, bis das Kind z. B. seinen Wutanfall beendet hat. Diese Technik wurde mit gutem Erfolg sowohl bei sehr schwer gestörten, hospitalisierten psychiatrischen Patienten als auch bei ha Kindern angewendet. Sie ist besonders wirksam bei Kindern bis zum Alter von neun oder zehn Jahren.

Die zweite, mehr formale Möglichkeit, die Verstärker- oder Verhaltenstherapie anzuwenden, ist für die jüngeren ha Kinder unbrauchbar, aber oft recht erfolgreich von etwa sechs Jahren aufwärts. Bei dieser Methode vereinbaren Eltern und Kind, welche Aufgaben das

Kind zu erledigen hat. Es können Aufgaben sein, die täglich, oder solche, die nur einmal wöchentlich erfüllt werden müssen. Das Kind soll etwa sein Bett machen, seine Kleider in den Schrank hängen, den Mülleimer ausleeren. Eine Tabelle wird angelegt und es wird vereinbart, wie viele Punkte (etwa Spielmarken) das Kind bekommt, wenn es seine Pflichten wie gewünscht erfüllt. Sobald das Kind seine Arbeit getan hat, erhält es sofort die versprochene Anzahl von Spielmarken. Die durch erwünschtes Verhalten angesammelten Marken kann das Kind später gegen Dinge oder Vergünstigungen eintauschen. Anders gesagt, es verdient Punkte und tauscht sie gegen Kino- oder Spielplatzbesuche, Fernsehen oder, wenn die Eltern wollen, auch gegen Geld ein. In jedem Fall sollte man sich auch über die Umtauschmöglichkeiten zuvor einigen. Wie man hier vorgeht, soll im Kapitel »Tägliche Pflichten« genauer beschrieben werden.

Wenn Eltern Bücher über Kindererziehung gelesen haben, erscheinen ihnen diese Techniken wahrscheinlich äußerst mechanisch. Die meisten derartigen Bücher betonen die Tatsache, daß tiefsitzende unbewußte Probleme oder mangelndes Verständnis für die kindlichen Gefühle Ursachen des Fehlverhaltens sind. Ein wertvoller Grundsatz der Verhaltenstherapeuten besagt, daß diese Feststellungen durchaus richtig sein können, die Kinder aber auch sehr stark durch die Konsequenzen ihrer Handlungen beeinflußt werden. Liebe allein genügt nicht; Verständnis allein auch nicht. Wenn das Kind lernen soll, sich in erwünschter Weise zu verhalten, müssen die Eltern sich auch klar sein über die Bedeutung ihrer eigenen Reaktionen auf seine verschiedenen Handlungen.

Das Kind kann sich gut benehmen, ohne zu verstehen, was es tut, oder es kann sich bei und trotz voller Einsicht in seine Motive schlecht benehmen. Vielleicht könnte es sich vollkommen zutreffend als zornig beschreiben, wenn es seine kleine Schwester schlägt. Dies wäre ein interessantes Beispiel für seine Fähigkeit, sein eigenes Verhalten zu erklären; die kleine Schwester allerdings hat davon keinen Nutzen. Wenn dem Kind und seiner Familie geholfen werden soll, muß es lernen, sich zu beherrschen. Wenn es sich wohl fühlen soll, ist es wahrscheinlich *auch* nötig, daß es mit seinen Gefühlen ins reine kommt. Wie man ihm helfen kann, sich selbst zu verstehen und mit seinen Gefühlen fertig zu werden, wird im nächsten Abschnitt erläutert.

Nützliche Grundsätze

Die allgemeine Frage, wie Eltern ihre Kinder behandeln und ihre Beziehung zu ihnen gestalten sollen, um eine möglichst gesunde Atmosphäre zu erreichen, ist Thema zahlreicher Bücher. Solche Bücher enthalten natürlich eine Fülle nützlicher Ratschläge für Eltern aller denkbaren Kinder, aber wir können hier nicht alle Ansätze, die die Psychologie für zweckmäßig hält, kritisch besprechen. Doch werden wir gewisse allgemeine Grundsätze und Techniken, die speziell im Umgang mit ha, aber auch mit normalen Kindern mit Erfolg angewendet werden, kurz erörtern. Zusammen mit dem Vorhergehenden vermitteln sie einen guten Eindruck der spezifischen psychologischen Behandlungsmethoden, mit denen man heute dem ha Kind und seinen Eltern zu helfen sucht.*

Wie tadele ich?

Niemand läßt sich gern tadeln. Kinder sind hier keine Ausnahme. Am besten ist Tadel zu ertragen, wenn er ins einzelne geht und nicht verallgemeinert. Wenn zum Beispiel der Mann abends von der Arbeit nach Hause kommt und kein fertiges Abendessen vorfindet, kann er zweierlei Feststellungen treffen. »Du bist eine gräßliche Frau und bringst nie etwas fertig«, oder: »Ich bin immer hungrig, wenn ich heimkomme, und ich wäre wirklich froh, wenn du das Essen dann fertig hättest.« Die Frau wird keinen von den beiden Sätzen übermäßig gern hören, aber der zweite, der sich auf den Einzelfall beschränkt und etwas mehr Verständnis verrät, ist wesentlich leichter zu verkraften. Ebenso kann der Arbeitgeber, der einen Angestellten wegen verspäteter Fertigstellung eines Arbeitsstücks zur Rede stellt, zwischen zwei Äußerungen wählen: »Meier, Sie sind ein miserabler Arbeiter«, oder »Herr Meier, ich würde Wert darauf legen, daß Sie mir diese Berichte zukünftig schneller liefern.« Wieder ist der Angestellte über keinen von den beiden Sätzen glücklich, aber die zweite Version ist spezifisch und wird deshalb leichter geschluckt.

Derselbe Grundsatz gilt für den Tadel bei Kindern. Wenn das ha Kind zum Beispiel eben seine kleine Schwester geschlagen hat, weil sie sein Lieblingsspielzeug nahm, und wenn sie nun als heulendes

---

* Eltern, die tiefer in diesen Themenkreis eindringen möchten, sei die Lektüre von Haim G. Ginott: Eltern und Kinder, Rowohlt Taschenbuch Nr. 6081, empfohlen.

Bündel dasitzt, kann die Mutter sehr leicht explodieren und sagen: »Warum bist du so ein böses Kind? Du bist ein schrecklicher Junge und machst mir nichts als Ärger! Mußt du immer so gewalttätig sein?« Diese Äußerungen sind zwar durchaus verständlich, aber eine derartige Explosion ist völlig nutzlos. Wenn die Mutter über die Probleme nachgedacht hat, bei denen Besserung erwünscht ist, dann sollte sie ganz spezifisch Kritik äußern: »Ich sagte dir, daß du deine kleine Schwester nicht schlagen darfst. Das tut ihr weh und macht mich ärgerlich. Bitte geh in dein Zimmer.« Weitere Beispiele: »Ich sehe es nicht gern, wenn du mit den Händen ißt – das tun kleine Babies, nicht große Kinder.« – »Mami regt sich auf, wenn sie dich bitten muß, dein Zimmer aufzuräumen, und du tust es nicht. Niemand mag gern unordentliche Zimmer anschauen. Bitte geh zurück und räume auf.« In diesen Beispielen drücken Vater und Mutter Ärger aus – aber über *einzelne Handlungen*. Wie wir noch sehen werden, ist es durchaus in Ordnung und vernünftig, wenn die Eltern Gefühle anerkennen, von denen das Kind weiß, daß sie vorhanden sind. Es kann sehen, daß der Vater oder die Mutter zornig ist. Es ist nicht zweckmäßig abzustreiten, was das Kind weiß. Aber wir wiederholen: Die Eltern dürfen sich nicht von ihrem Zorn hinreißen lassen, das Kind als Person zu tadeln. Sie dürfen es nie nichtsnutzig oder böse nennen. Wenn Kritik nötig ist, muß das tadelnswerte Verhalten beanstandet werden, und zwar so spezifisch wie möglich.

Wie lobe ich?
Ebenso muß sich auch das Lob auf den bestimmten Einzelfall beziehen. Wie bereits besprochen, sollte dem Kind für wunschgemäßes Verhalten liebevolle Zuwendung zuteil werden. Wenn es manierlich ißt, etwa: »Du ißt wirklich wie ein Erwachsener, das gefällt mir.« Wenn die kleine Schwester den Bruder neckt und er dem Impuls, sie zu schlagen, widerstanden hat: »Es freut mich wirklich, daß du dich beherrschen kannst, auch wenn Susi dich herausfordert.«
Es ist nicht sinnvoll zu sagen: »Du bist ein wunderbares Kind«, oder dem Vater zu berichten: »Jochen war heute einfach großartig.« Solche Bemerkungen bedeuten für das Kind keine Hilfe im Aufbau einer genügend gefestigten Selbstkontrolle, und überdies empfindet es sie wahrscheinlich als Heuchelei. Keiner von uns nimmt dergleichen umfassende Lobsprüche ernst. Wir wissen genau, daß jeder seine guten und schlechten Seiten hat und daß einer, der uns »wundervoll«

nennt, entweder schmeicheln will oder dumm ist. Kinder reagieren ebenso. Wenn man Kinder lobt, soll man sie für einzelne Leistungen loben, die sie tatsächlich erbracht haben. Man darf nicht übertreiben. Kinder schätzen Ehrlichkeit.

Wie erkenne ich die Gefühle des Kindes?
Es wäre der Mühe wert, Haim G. Ginott's Buch »*Eltern und Kinder*« zu diesem Thema zu lesen. Der allgemeine Grundsatz ist, daß Kinder wie Erwachsene Verständnis brauchen, und zwar von seiten eines Menschen, der für sie wichtig ist. Kinder haben Gefühle. Sie zu erkennen und das Kind wissen zu lassen, daß man sie erkennt, hilft ihm oft, sich besser zu fühlen. Es ist indessen außerordentlich wichtig, sich zu vergegenwärtigen, daß man die Gefühle eines Kindes erkennen und mit ihm darüber sprechen kann, ohne es zugleich zu tadeln oder zu loben. Wenn es aus seinem Zimmer zurückkommt, in das es wegen eines unbeherrschten Gefühlsausbruchs geschickt worden war, kann die Mutter ihm helfen, indem sie ungefähr folgendes sagt: »Du mußt das Gefühl gehabt haben, daß es für einen Siebenjährigen sehr schwer ist, immer an seine Tischmanieren zu denken, und sicher hast du dich sehr über Mami geärgert, daß sie dich vom Essen weggeschickt hat.«
Wenn die Eltern Gefühle in sachlicher Weise erkennen und anerkennen, kann sich das Kind viel leichter beruhigen.

Wie helfe ich dem Kind, zwischen Gefühlen und Taten zu unterscheiden?
Hier ist das grundlegende Prinzip, daß *Gefühle ausgedrückt werden können und sollen,* auch wenn sie »schlecht« sind. Zu demselben Prinzip gehört aber auch, daß Gefühle und Handlungen nicht dasselbe sind. Wie schon oben erwähnt, haben Kinder wie Erwachsene oft Gefühle, die »sich nicht gehören«: Sie sind manchmal neidisch, eifersüchtig, zornig, empfindlich. Alle Kinder haben diese Gefühle. Unter gewissen Umständen hat sie jeder. Kinder haben ihretwegen oft Schuldgefühle. Sie haben gelernt, daß es »sich nicht gehört«, neidisch, eifersüchtig, zornig oder empfindlich zu sein. Es ist gut, wenn die Mutter, wie im vorhergehenden Abschnitt erläutert, erkennt, daß das Kind solche Gefühle hat, und mit ihm darüber spricht. Sie muß ihm helfen, zwischen Gefühlen – die hingenommen werden müssen – und Handlungen – bei denen dies nicht der Fall ist – zu unterscheiden. Handlungen, das heißt Verhalten, kann geändert und geformt wer-

den; Gefühle können nicht so direkt geändert werden, und man sollte nicht so tun, als ginge es. Wenn das Kind erfährt, daß die Mutter seine Gefühle erkennt und toleriert, verringert sich das Schuldbewußtsein, das es ihretwegen hat. Allein durch diese Tatsache läßt sein innerer Druck oft in einem Umfang nach, daß es die »bösen« Gefühle nicht in Handlung umsetzt. Es weiß, daß die bösen *Gedanken* es in den Augen der Eltern nicht schlecht und wertlos werden lassen. Hat das Kind zuvor in einer ungehörigen Art *gehandelt* – so kann es leicht annehmen, die entsprechenden Gedanken seien ebenso tadelnswert. Die Eltern sollten ihm mehrfach, direkt und indirekt, zu verstehen geben, daß alle »bösen Gedanken«, die es vielleicht hat, nichts Schreckliches sind, solange es nicht nach ihnen handelt. Es wird oft heftige Zorngefühle gegen seine kleine Schwester haben; es soll diesen Zorn ausdrücken, und die Eltern müssen es dabei unterstützen. Trotzdem darf es die kleine Schwester nicht schlagen. Die Eltern müssen dem Kind helfen, den Unterschied zwischen *Denken* und *Tun* zu begreifen.

Die Wortsignal-Technik
Eine äußerst wichtige Methode, dem ha Kind beizubringen, wie es die aus seinem Verhalten resultierenden Probleme erkennen und etwas dagegen tun kann, ist die Wortsignal-Technik.
Ehe das Kind überhaupt daran denken kann, etwas gegen sein Verhalten zu unternehmen, muß es wissen, was für ein Benehmen es ist, das andere stört und ihm Schaden einbringt. Die Schwierigkeit liegt darin, daß es sich meist um recht komplizierte Vorgänge handelt. Es ist für die Mutter leicht zu sagen: »Wenn du dich auf den Boden wirfst und schreist, dann ist das ein Wutanfall« oder »Mutti spricht nicht mehr mit dir, ehe der Wutanfall vorüber ist, und wenn du nicht sofort damit aufhörst, gehst du in dein Zimmer, bis er verraucht ist«. Ein 3jähriges Kind kann begreifen, was ein Wutanfall ist. Aber einige der Verhaltensweisen des ha Kindes, die zu Schwierigkeiten führen, sind viel verwickelter.
Da ist z. B. das Sticheln des Bruders oder der Schwester, eine Tätigkeit, für die ein Kind die raffiniertesten Varianten erfinden kann. Die Eltern können keine vollständige Liste aller Möglichkeiten aufstellen, mit denen das Kind andere reizt. Ein Kind mit Initiative und Intelligenz wird immer wieder neue Wege finden, andere zu ärgern. In einem solchen Fall sollten die Eltern ein Wortsignal zur Verfügung

haben, mit dessen Hilfe sie dem Kind signalisieren können, wenn es ein solches Benehmen zeigt. Die Signale, die wir z. B. benutzen, sind »Sticheln« und »Quälgeist«. Jedesmal, wenn das ha Kind Bruder oder Schwester auf diese Weise belästigt, sagt man zu ihm »du stichelst«. Nach einigen Dutzend Wiederholungen – und die Eltern werden im Laufe der Zeit unzählige Male Gelegenheit dazu haben – wird das Kind lernen, daß man eine ganze Gruppe verschiedener Dinge mit »sticheln« bezeichnen kann. Das ist nicht schwerer zu lernen, als daß Pudel, Terrier und Doggen alle Hunde sind.

Sobald das Kind gelernt hat, was das Wortsignal »Sticheln« bedeutet, können die Eltern dieses Verfahren auf andere Arten schlechten Benehmens ausdehnen. Wenn Max so tut, als hätte er die Puppe seiner Schwester verloren, sagt man: »Max, was willst du?«, in der Absicht, ihn seine Handlungsweise erkennen zu lassen, was seinen Sinn für Verantwortung fördert. Auch »aufpassen« oder »zornig« für nachlassende Aufmerksamkeit bzw. zunehmende Erregtheit sind mögliche Beispiele für diese Methode, Fehlverhalten zu ändern. Die Eltern sollten auf der Suche sein, weitere Arten des Fehlverhaltens aufzuspüren, die sich für eine solche Kennzeichnung eignen. So lernt das Kind rascher, die verschiedenen Spielarten seines Problemverhaltens zu erkennen. Es sei jedoch betont, daß dies kein leichtes Unterfangen ist. Eric Berne verwendet in seinem Buch »Spiele der Erwachsenen« viel Zeit darauf, kluge Worte für neurotische Verhaltensweisen Erwachsener zu erfinden. Solche Wortsignale sind deshalb so probat, weil selbst Erwachsene – ohne das Handicap der HA – sich schwer tun, die verschiedenen Spielarten ihres Neurotisch- oder einfach Schwierigseins zu identifizieren. Deshalb ist es gar nicht verwunderlich, wenn es einem unreifen 10jährigen Kind schwerfällt, zu erfassen, *was* an seinem Benehmen Anstoß erregt.

Die wissenschaftliche Forschung über die Frage, wie nützlich es ist, Kinder ihr schwieriges Verhalten erkennen zu lassen, steht noch am Anfang. Russische Psychologen arbeiten seit einiger Zeit daran, wie *Vor-sich-Hinsprechen* dem Kind helfen kann, sich selbst zu kontrollieren. Sie nehmen an, Benennung durch das Kind sei der erste Schritt zu seiner Selbstbeherrschung; und je eher ein Kind mit Worten bezeichnen kann, was es tut, desto früher wird es sich selbst führen können. In den USA hat hier die Forschung erst vor kurzem begonnen. Endgültige Ergebnisse liegen noch nicht vor, aber unsre eigenen Erfahrungen mit der Wortsignal-Technik waren eindrucksvoll.

Die Behandlung häufiger Probleme des hyperaktiven Kindes

Wir haben nun über allgemeine Prinzipien und Techniken für den Umgang mit ha Kindern geschrieben. Zusätzlich machen wir hier noch weitere Vorschläge, die den Eltern helfen sollen, einigen recht typischen Spielarten ha Problemverhaltens zu begegnen.

Wie erhält man die Aufmerksamkeit des Kindes?

Wie erwähnt, ist es eines der größten Probleme des ha Kindes, aufmerksam zu sein, und ebenso ein Hauptproblem der Eltern, die Aufmerksamkeit zu erhalten. Wenn man mit einem ha Kind effektiv Verbindung aufnehmen will, muß man eine spezielle Technik anwenden. Wenn Vater oder Mutter z. B. von einem nicht ha Kind etwas fordern oder wünschen, wird es ihnen üblicherweise seine Aufmerksamkeit zuwenden. Bei einem ha Kind gelingt das nicht, da es in Gedanken ganz woanders ist. Selbst wenn es gelingen sollte, die Aufmerksamkeit des ha Kindes einzufangen, kann es geschehen, daß das Kind gar nicht hören will, was ihm gesagt wird und daß es sich die Ohren zuhält und das Gesicht abwendet. In einem solchen Falle sollte man folgendes tun: Man nimmt den Kopf oder die Schulter des Kindes freundlich in beide Hände und sagt, was man ihm mitteilen will. Dann läßt man, um sicher zu sein, daß das Kind die Mitteilung aufgenommen hat, diese wiederholen. Der Ton des Gespräches sollte ein neutraler, nicht ein strafender sein. Weiß das Kind nicht, was ihm gesagt wurde, so wiederholt man seine Mitteilung. Das körperliche Gegenüber scheint eine wichtige Rolle dabei zu spielen, seine Aufmerksamkeit zu bekommen. Offenbar ist eine Mitteilung – mit den Händen des Vaters (oder der Mutter) auf den Schultern des Kindes – eher geeignet, das Kind aufpassen zu lassen als eine Mitteilung ohne Berührung. Dieser physische Kontakt und das Wiederholenlassen der Mitteilung wirkt auch noch beim älteren Kind. Die Eltern sollten daran denken, daß etwas falsch gelaufen ist, sobald sie sich schreien hören, um die Aufmerksamkeit des Kindes zu erhaschen.

Unbeweglichkeit

Charakteristisch für einige ha Kinder – auch nicht ha Kinder können so sein – ist ihre Starrheit, ihre Unbeweglichkeit. Unbewegliche Kinder sind solche, die aus dem Häuschen geraten, wenn man sie in einer Tätigkeit unterbricht oder einen gewohnten Ablauf ändern will. Sie können außer sich geraten, wenn man sie im Spiel stört, weil man zum Besuch der Oma aufbrechen muß. Oder sie beginnen zu schreien, wenn man die Reihenfolge beim Anziehen ändert. Ein 3jähriges Kind explodierte förmlich, als man auf dem Weg zur Oma eine andere Route einschlug als gewöhnlich.

Die Starrheit verschwindet oft, wenn die Kinder älter werden, aber es gibt Wege, damit fertigzuwerden, ehe diese gesegnete Zeit heranreift. Das Wesentliche dabei ist Vorausahnen. Lange bevor der Bruch in der Routine kommt, sollte man dem Kind mehrmals erklärt haben, was jetzt kommt. Wenn es z. B. mit Bauklötzen und LKWs spielt und man weiß, daß man in zwei Stunden zur Oma aufbrechen muß, soll man einen Countdown beginnen: »Hans, in zwei Stunden fahren wir zur Oma«; eine Stunde später »Hans, in einer Stunde gehen wir. Es ist jetzt an der Zeit, die Lastwagen wegzuräumen«. Dann »Hans, jetzt sind noch 15 Minuten Zeit. Räum deine Bauklötze weg und zieh dich an«. Bei älteren Kindern kann ein Küchenwecker das dauernde Herumnörgeln erübrigen, und selbst, wenn ein Kind die Uhr noch nicht liest, sieht es, daß der Zeiger sich der 0-Marke nähert, die Glocke also bald läuten wird. Anstatt jeden Morgen vor dem Schulgang Countdowns zu veranstalten, kann man den Wecker einsetzen.

Ähnlich kann man sich beträchtlichen Ärger ersparen, wenn man langfristige Veränderungen bespricht, bevor sie eintreten. Wiederholte, vorweggenommene Erörterungen solcher Dinge wie Möbelumstellung oder Änderungen im Tagesablauf bedeuten dann einen weniger harten Schlag für ein unbewegliches Kind. Man ändert zwar die Starrheit des Kindes nicht, aber man gibt ihm Zeit, sich auf die neue Situation einzustellen.

Zunehmender Verlust der Selbstkontrolle
Ein sehr häufiges Problem hyperaktiver Kinder im Vorschul- und frühen Schulalter ist die zunehmende Unfähigkeit, sich unter Kontrolle zu halten. Hier ist die Rede von dem Kind, das – einmal in Bewegung gebracht – immer ausgelassener und kindischer wird, z. B. wenn Gäste angekommen sind. Zuerst versucht es, ihre Aufmerksamkeit auf sich zu lenken, und wenn es sie hat, wird sein Benehmen immer läppischer und ausgelassener. Zuerst zeigt es den Gästen seine Modelle und erzählt eine Geschichte, dann wird seine Stimme immer lauter, es beginnt herumzutoben, zuletzt in wildem Springen.

Das kann auch in einer lärmerfüllten oder stimulierenden Umgebung, wie sie ein Supermarkt oder ein Zirkus darstellt, passieren. Was kann man hier tun? Am besten ist natürlich ein frühes Auffangen, sobald sich die ersten Symptome abzeichnen. Es ist bedeutend leichter, solche Entwicklungen kurz nach dem Entstehen zu unterbrechen, als wenn sie in voller Bewegung sind. Sobald die Eltern eine bevorstehende Verhaltenseskalation kommen sehen, sollten sie das Kind mit einem stereotypen Satz warnen, der immer angewendet wird, wenn das Kind in Aufregung ist. Auch das ist eine Art Wortsignal. Man kann ihm zurufen »Jetzt kommt das Deppenstadium« oder »Jetzt wirst du überdreht«. Dabei ist es wichtig, dasselbe Verhalten jedesmal mit dem gleichen Wort zu belegen, so daß das Kind lernen kann, was die Eltern mit einem speziellen Wort meinen. Nach dieser Kennzeichnung des Verhaltens sollte man ihm sagen »Geh in dein Zimmer und bleib dort, bis du dich beruhigt hast«. Wenn nötig, muß man es in sein Zimmer führen. Wenn das Kind sich gefaßt hat, soll man es nicht bestrafen, sondern Anerkennung aussprechen dafür, daß es ihm gelungen ist, sich unter Kontrolle zu bringen. Dann sollte man ihm ohne Vorwurf in der Stimme erklären, was vorher geschehen war und warum die Eltern sein Verhalten als »wild« oder »überdreht« bezeichnen. Mit anderen Worten, die Eltern sollten dafür sorgen, daß das Kind ein Lob (eine positive Verstärkung) für erwachsenes Benehmen erhält, aber sonst keine Beachtung – positiv oder negativ – für den Verlust seiner Selbstkontrolle.

Somit erweist sich die Vermeidung »geeigneter« Situationen als das beste, was man gegen den sich zuspitzenden Verlust der Selbstkontrolle tun kann. Die Eltern sollten die Situationen voraussehen, die eine solche Eskalation üblicherweise auslösen und sie dann entweder vermeiden oder das Kind so rasch als möglich herausnehmen.

Schimpfkanonaden
Eine Art von Verlust der Selbstkontrolle bei jüngeren und älteren ha Kindern ist die Schimpfkanonade. Dieses Verhalten ist wahrscheinlich etwas »gereift« im Vergleich zum »Wegbleiben« oder Sich-zu-Boden-Werfen des Kleinkindes, aber trotzdem sind die Eltern nicht überglücklich über diese Art von Reifungsprozeß. Während eines solchen Ausbruchs pflegt das Kind ohne Unterbrechung zu reden (oder zu schreien), wobei es die anderen kritisiert, beschimpft und jede Verantwortung dafür ablehnt. Dabei kann es alles zur Sprache

bringen – von trivialen Begebenheiten bis zu wirklichen Familienproblemen. Diese Nonstop-Produktion findet ihr Ende nur in seiner Redseligkeit und durch die Art, wie sich die Eltern dabei verhalten. Die natürliche Reaktion der Eltern ist es, sich in eine Diskussion einzulassen. Unser wichtigster Rat ist, überhaupt nicht zu diskutieren. Ein wechselseitiges Schrei-Gefecht bringt nichts. Solange das Kind in seinem Ausbruch ist, sollte man ihm sagen, die Sache werde besprochen, sobald es sich beruhigt habe. Wenn ihm das nicht gelingt, soll es in einen stillen Raum (Isolationsraum-Technik) gebracht werden. Erst nachdem es zur Ruhe gekommen ist, sollten sich die Eltern mit ihm über das Problem unterhalten. Hier ist es ähnlich wie in der Frage, wie man sich die Aufmerksamkeit des Kindes verschafft: wer sich oft beim Schreien ertappt, ist auf dem falschen Weg – das ist nicht böse, aber unwirksam.

Tägliche Pflichten

Bisher wurden des öfteren Beispiele von Pflichten erwähnt. Wir möchten uns ihnen hier aber gesondert widmen, da diese täglich zu verrichtenden (Haus-) Arbeiten einen Hauptreibungspunkt zwischen Eltern und dem ha Schulkind darstellen.

Zunächst kann die Nichterfüllung solcher Pflichten lediglich die Folge von Vergeßlichkeit und Unfähigkeit sein, seine Zeit einzuteilen. Wenn nun die Eltern sich ärgern und zu nörgeln beginnen – bis auf ein paar Heilige werden alle ärgerlich –, wird das Kind zunehmend widerborstig und ablehnend. Die Eltern wiederum haben nun mehr Grund zur Klage, und das Kind drückt sich, so gut es kann – also eine Eskalation.

Wie erreicht man nun, daß das Kind seine Arbeit tut? Erstens schreibt man ihm auf, was man getan haben möchte, und zwar in der Reihenfolge der Wichtigkeit, bezeichnet mit »1.«, »2.« usw. Sodann notiere man in einen selbstgeschriebenen Kalender eine oder zwei der wichtigsten Arbeiten und hänge ihn an einen auffälligen Ort, z. B. an die Tür des Kühlschranks. Wenn die Arbeit z. B. darin besteht, jeden zweiten Tag den Tisch zu decken – falls Bruder und Schwester dieselbe Aufgabe haben –, muß der Name des Kindes an jedem Tag, an dem es an der Reihe ist, auf dem Kalender stehen. Wenn zwei Aufgaben anstehen, z. B. Tischdecken und Tischabräumen, muß jede Arbeit an jedem Tag, an dem sie für das jeweilige

Kind anfällt, auf dem Kalender angeführt sein, also täglich, an jedem zweiten Tag oder wie immer der Plan ist. Wie schon gesagt, sollten die Eltern Auseinandersetzungen darüber vermeiden, aus welchen Einzelleistungen eine Arbeit bestehen soll, indem sie diese schon beim Aufschreiben möglichst detailliert angeben. So muß das Kind ablesen können, ob zum Tischdecken nur das Auflegen von Tellern und Besteck gehört, oder ob auch Butter und Milch aus dem Kühlschrank gebracht werden müssen. Ein einigermaßen gutes Eltern-Kind-Verhältnis vorausgesetzt, werden sich viele Kinder entgegenkommend zeigen, wenn die Wünsche klar, übersichtlich und unmißverständlich definiert ausgedrückt sind.

Wenn sich das Kind weigert, sollten wir uns des schon erwähnten Grundsatzes der Verhaltensmodifikation erinnern. Man könnte z. B. die Regel aufstellen, daß das wöchentliche Taschengeld nur dann voll ausbezahlt wird, wenn das Kind ohne dauernde Ermahnungen sechsmal in der Woche den Tisch deckt. Tut es das nicht, tritt eine – vorher mit ihm zu vereinbarende – Kürzung um, sagen wir, $\frac{1}{6}$ des Betrages ein.

Ist das Kind so weit, daß die wichtigsten Aufgaben regelmäßig von ihm wahrgenommen werden, können die Eltern weitere Aufgaben mit einbeziehen. Auch hier sollte wieder ein Kalender beschrieben werden, und die Pflichten sollten darauf deutlich präzisiert sein. Durch klare und unmißverständlich gegebene Anweisungen lassen sich die täglichen Scharmützel umgehen. Nicht eindeutige Aufgabenstellung gibt dem Kind die Möglichkeit, ganz legal gegen die Ausführung der Aufgaben zu argumentieren. Und wir Eltern wissen, daß die meisten Kinder geborene Anwälte sind.

Wie man das Kind dazu bringt, die Verantwortung für sich selbst zu übernehmen

Alle Eltern hoffen, daß das Kind eines Tages in der Lage sein wird, sein Verhalten selbst zu kontrollieren. Das, was im vorigen Kapitel über Pflichten gesagt wurde, ist eine der Möglichkeiten dazu.

Hier wollen wir an einem Beispiel eine weitere Methode kennenlernen, wie das Kind dazu gebracht werden kann, für sich selbst Verantwortung zu übernehmen. Eine häufige Schwäche des ha Kindes ist es, die Schulaufgaben zu vergessen – und sie dann natürlich nicht zu machen.

Man sollte dem Kind ein kleines Notizbuch mit in die Schule geben, in das die Schulaufgaben einzutragen sind. Einmal in der Woche sollten die Eltern vom Lehrer erfahren können, ob alle Aufgaben gemacht wurden. Auf diese Weise soll das Kind in die Pflicht genommen werden. Wir fanden, daß Kinder, die sich daran halten, ihre Schularbeiten doch eher vollständig machen. Halten sie sich nicht daran, wird ihr Taschengeld gekürzt oder andere Vergünstigungen gestrichen. Bei manchen Kindern scheint es besser zu gehen, wenn man mit wenig Taschengeld beginnt und es dann, in vorher mit ihnen verabredeter Weise, je nach Vollständigkeit der Aufschreibungen (als Verstärker) erhöht. Wenn das Kind diese Aufgabe voll beherrscht, kann man den Verstärker – das erhöhte Taschengeld – langsam wieder auf den üblichen Betrag reduzieren. Nach einiger Zeit wöchentlicher Rücksprache mit dem Lehrer genügen dann Stichproben in größeren Abständen. Aber – und das gilt für alle Pflichten, die ha Kinder in eigener Verantwortung übernommen haben – es ist darauf zu achten, daß sie die Techniken der Selbstüberwachung noch lange nach Normalisierung ihres Verhaltens weiterführen. Wir fanden, daß solch eine »Übertreibung« der Techniken die Kinder letztlich dazu bringt, einige Verhaltensmuster ohne äußere Stützen beizubehalten.

Dieses Beispiel stammt aus dem schulischen Bereich. Natürlich können mit analogem Vorgehen – Notizbuch, Kalender – auch andere Gebiete des täglichen Lebens wie persönliche Hygiene, Kämmen, Musikstunden usw. einbezogen werden.

Spezielle psychologische Hilfe für Familie und Kind

An verschiedenen Stellen haben wir darauf hingewiesen, daß es in manchen Familien – wegen der Anwesenheit eines ha Kindes oder aus ganz anderen Gründen – viele Meinungsverschiedenheiten, viel Streit und Spannung gibt. Wir erwähnen auch, daß solche Familienschwierigkeiten jedes Kind stark belasten, das ha Kind aber wahrscheinlich noch härter treffen. Wenn sich die Eltern nicht über die Erziehungsmaßnahmen für ihre Kinder einigen können, wenn sie nicht konsequent belohnen und strafen, wenn sie infolge ihrer persönlichen Probleme ein Kind tadeln oder ein anderes vorziehen, können sie seelische Schwierigkeiten für ihr Kind schaffen. Es ist klar, daß gestörte Familien fachkundige Hilfe brauchen, gleich ob sie ein ha Kind haben oder nicht, und in solchen Situationen kann der Beistand eines Psychiaters, Sozialfürsorgers oder Psychologen sehr nützlich sein. Alle Schritte, die getan werden, um Schwierigkeiten innerhalb der Familie zu bereinigen, sind für das ha Kind besonders hilfreich, da es sich schon an ganz normale Verhältnisse nur mühsam anpassen kann. Selbst wenn es auf Medikation gut anspricht, kann es vielleicht auf emotionalen Streß nicht so flexibel reagieren wie ein nicht-hyperaktives Kind.

Wie bereits erwähnt, gibt es eine andere Form psychologischer Hilfe für das ha Kind, die sich *manchmal* als heilsam erweist, nämlich Psychotherapie. Das Kind wird dabei entweder allein oder mit anderen Kindern zusammen in einer Gruppe behandelt. Der Sinn einer psychotherapeutischen Behandlung ist, dem Kind die Fähigkeit zu vermitteln, seine eigenen Gefühle zu erkennen, zu verstehen und mit ihnen auf angemessene Weise fertig zu werden. Sich psychotherapeutisch behandeln zu lassen, ist heute sehr verbreitet, ja geradezu Mode. Noch vor kurzem glaubte man, praktisch alle psychischen Unregelmäßigkeiten, sowohl bei Kindern als auch bei Erwachsenen, durch Psychotherapie heilen zu können. Gegenwärtig jedoch ist die Wirksamkeit der Psychotherapie (sowohl bei Erwachsenen als auch bei Kindern) für bestimmte Probleme eine sehr umstrittene Frage. Es gibt keine Erfahrungen, die den Nutzen der Psychotherapie in der grundlegenden Behandlung hyperaktiver Kinder bestätigen. Dennoch haben viele erfahrene Psychiater gefunden, daß Psychotherapie bei *manchen* ha Kindern eine wirksame zusätzliche Hilfe bedeuten kann. Nach meiner eigenen Erfahrung ist sie empfehlenswert bei älteren ha Kindern, und vor allem bei jenen unter ihnen, bei denen sekundärpsychische Störungen auf die angeborenen Temperamentsschwierigkeiten »aufgepfropft« sind. Diese Kinder haben meistens Probleme auf dem Gebiet der zwischenmenschlichen Beziehungen, und wir haben den Eindruck, daß die Psychotherapie manchen von ihnen geholfen hat. Es handelt sich meist um ha Kinder, die in den frühen Kindheitsjahren nicht medikamentös behandelt worden waren und sich deshalb den eingangs geschilderten Teufelskreisen schulischer und familiärer Probleme nicht hatten entziehen können. Für sie scheint sich die Beziehung zu einem warmherzigen, unparteiischen Erwachsenen, der Verständnis für ihre Probleme aufbringt und ihnen bei ihrer Suche nach konstruktiven Lösungen behilflich sein kann, günstig auszuwirken.

Sicherlich ist individuelle Psychotherapie bei den meisten ha Kindern *nicht* die nächstliegende Methode. Unglücklicherweise haben wir die Wirksamkeit der Medikation und der anderen erörterten Techniken erst vor kurzem entdeckt. In der Vergangenheit wurden viele ha Kinder psychotherapeutisch behandelt, und bei vielen erwies sich dies als nutzlos. Da es sich um eine zeitraubende und kostspielige Prozedur handelt, sollte sie nur angewendet werden, wenn wesentliche Gründe dafür sprechen, daß eine Aufarbeitung der speziellen Probleme nützlich sein könnte, oder wenn das Kind allen anderen Behandlungsformen gegenüber unzugänglich ist. Dies ist ein heißumstrittenes Gebiet; viele Psychiater werden anderer Ansicht sein. Alles, was wir mit Gewißheit sagen können, ist, daß wir Dutzende ha Kinder gesehen haben, welche jahrelang ohne sichtbaren Erfolg psychotherapeutisch behandelt wurden und unmittelbar darauf auf medikamentöse Behandlung sich dramatisch besserten. Wie mehrfach betont, ist die Ursache der Störungen der meisten ha Kinder physiologisch und muß physiologisch, das heißt mit Hilfe von Medikamenten, angegangen werden. Nur so kommt man an die Wurzeln des Problems. Psychotherapie mag dann helfen, mit einigen »Zweigen« fertig zu werden, die sozusagen »in die falsche Richtung gewachsen« sind. Viele Eltern sind anderer Meinung. Wir erinnern uns an eine sehr aufgeklärte Mutter, deren schwer leidendes ha Kind auf die Medikation sehr gut angesprochen hatte. Beim ersten Besuch nach Beginn der Medikation berichtete die Mutter: »Thomas hat sich hundertprozentig gebessert, Herr Doktor. Nun wollen wir ihn in Psychotherapie geben, damit wir wirklich an die Wurzel der Sache kommen!«
Obwohl die Psychotherapie gelegentlich bei manchen ha Kindern nützlich ist, sollte man es zuerst mit einfacheren Maßnahmen versuchen. Wenn Medikation, Förderunterricht und Beratung der Eltern nicht den gewünschten Erfolg bringen, kann man es mit Psychotherapie versuchen.

Ferien für die Eltern
Mit schwierigen Kindern zu leben, ist schwierig. Die hier erörterten Techniken mögen das Leben der Eltern erleichtern, aber ihr Leben ist trotzdem immer noch viel härter als das der meisten Eltern. Deshalb halten wir es für sehr wichtig, daß die Eltern ha Kinder einmal allein sein können. (Das ist eigentlich für alle Eltern höchst wünschenswert; für die Eltern ha Kinder ist es jedoch lebensnotwendig!) Es ist

kein Zeichen intellektueller, moralischer oder psychischer Schwäche dieser Eltern, periodisch Urlaub ohne Kind zu machen. Ha Kinder verlangen eine Menge Aufmerksamkeit, und für sie dazusein, führt zu körperlicher, seelischer und emotionaler Erschöpfung. Manchmal leidet auch – als Folge der das Kind umgebenden Spannungen – das Verhältnis zwischen dem Elternpaar. Das Glück und Wohlbefinden aller sollte nicht einem Kind mit Problemen geopfert werden. Jedem steht ein Stück vom Kuchen zu. Deshalb wäre es eine ausgezeichnete Angewohnheit der Eltern, regelmäßig Ferien für sich selbst einzuplanen. Das ist kein Egoismus. Denn Eltern, die einige Zeit allein verbringen konnten, kommen entspannter aus dem Urlaub zurück und treten dem ha Kind auch ausgeglichener gegenüber, was wiederum ihm und auch seinen Geschwistern zugute kommt. Selbst wenn das nicht eintreten sollte, genügt es schon, wenn die Eltern sich selbst wieder mal besser fühlen.

Selbstverständlich wirft das praktische Probleme auf. So sind oft ahnungslose Verwandte überfordert, denen man ein ha Kind überläßt. Falls in der Gemeinde eine Organisation von Eltern hyperaktiver Kinder besteht, können die Kinder wechselweise übernommen werden, in diesem Falle von Eltern, die wissen, wie man mit ha Kindern umgeht.

Schulische Hilfen

Wie bereits erwähnt, haben ha Kinder häufig Lernschwierigkeiten, die gewöhnlich auf zwei Quellen zurückzuführen sind. Die erste ist die Ablenkbarkeit, der Mangel an Ausdauer, die Neigung, vor Hindernissen schnell aufzugeben und die Dinge rasch und nur oberflächlich zu erledigen sowie die Unfähigkeit, sich zu disziplinieren. Letztere ist besonders verhängnisvoll. Allgemein klagen die Eltern größerer ha Kinder, daß diese niemals ihre Hausaufgaben machten. Hier sei auf den Abschnitt »Wie man das Kind dazu bringt, die Verantwortung für sich selbst zu übernehmen« verwiesen. *Einige* ha Kinder haben außerdem spezielle Wahrnehmungsschwierigkeiten (links-rechts, oben-unten), die man Lernstörungen nennt.
Es gibt also zwei Gruppen lernbehinderter ha Kinder: 1. jene, deren Lernprobleme nur eine Folge von Ablenkbarkeit und Unaufmerksamkeit sind, und 2. jene, deren Schwierigkeiten sowohl auf Auf-

merksamkeitsstörungen als auch auf speziellen Wahrnehmungsproblemen beruhen. Die Medikation beseitigt manchmal Lernbehinderungen, häufig vermindert sie diese, vor allem bei der ersten Gruppe. Doch finden sich auch unter den Lerngestörten, deren Probleme sich durch Medikation bessern, solche, die zusätzlich schulischer Hilfe bedürfen. Nur allzuoft ist das ha Kind in einer Reihe von Fächern zurückgeblieben, wenn seine Schulprobleme endlich erkannt und behandelt werden. Lernprobleme addieren sich. Daher kann das Kind trotz Besserung seines Zustandes die Wissenslücken nicht füllen, wenn es nicht in den Fächern, in denen es zurückgeblieben ist, Nachhilfeunterricht erhält. Dieses Problem ist besonders ernst bei jenen ha Kindern, deren Störungen erst in der Adoleszenz erkannt wurden. Sie wurden oft »aus sozialen Gründen« versetzt und stehen meist in einer ganzen Reihe von Unterrichtsfächern auf dem Niveau weit niederer Klassen. Unglücklicherweise sind dann oft auch bei erfolgreicher Medikation keine entsprechenden schulischen Einrichtungen vorhanden, und die Kinder, frustriert und durch ihre schlechten Leistungen verschüchtert, geben vorzeitig auf. Was diese Kinder angeht, haben wir dazu gegen Ende des Kapitels einige Vorschläge.

Bei den Kindern mit speziellen Beeinträchtigungen der Wahrnehmung liegen die Dinge wieder anders. Die Medikation kann zwar ihre Aufmerksamkeitsspanne und Ausdauer verbessern, die Wahrnehmungsschwierigkeiten beeinflußt sie aber nicht. Die speziellen schulischen Probleme von Kindern mit dieser Art von Wahrnehmungsschwierigkeiten, d. h. mit Lernstörungen, wird im Kapitel »Lernstörungen« besprochen.

Viele Lehrer erkennen nicht, daß ha Kinder eine Gruppe für sich darstellen und verweisen sie deshalb in Förderklassen, auch wenn sie keine spezifischen Wahrnehmungsstörungen haben. Hinzu kommt, daß viele dieser in Förderklassen versetzten Kinder sowohl HA-Probleme als auch Wahrnehmungsstörungen haben. Bei beiden Typen ist ein Versuch mit Medikamenten erfolgversprechend. Es sei hier nochmals gesagt, daß es unmöglich ist, vorher festzustellen, ob ein Kind darauf ansprechen wird. Man kann erwarten, daß einige seiner Probleme verschwinden werden, während andere, einschließlich der Wahrnehmungsstörungen, bestehen bleiben. Man sollte damit rechnen, daß jedes Kind, das in eine Förderklasse geschickt wurde, ohne daß es möglich war, eine Diagnose zu stellen, möglicherweise ein ha Kind ist. Solch ein Kind sollte sorgfältig daraufhin geprüft und gegebenenfalls ein Versuch mit Medikamenten eingeleitet werden. Wahrscheinlich ist es nicht unangebracht, einige »erzieherische« Ansätze zu erwähnen, deren man sich – ohne Erfolge – bedient hat. Man hatte beobachtet, daß manche Kinder sowohl Lern- als auch Koordinationsprobleme hatten. (Wie oben erwähnt, hat annähernd die Hälfte aller ha Kinder irgendwelche Koordinationsprobleme.) Man vermutete deshalb irrtümlich, daß die Lernschwierigkeiten die Folge der Koordinationsschwierigkeiten seien. (Beide sind wahrscheinlich die Folgen eines dritten Faktors.) Deshalb, schloß man, könnte sich ein Koordinationstraining günstig auch auf die Lernschwierigkeiten auswirken. Man entwickelte daher Übungen teils für den ganzen Körper, teils allein für die Augen. *Bis zum gegenwärtigen Zeitpunkt besteht nicht der geringste Beweis dafür, daß ein Koordinationstraining die Lernschwierigkeiten des ha Kindes günstig beeinflußt.* Dasselbe gilt für spezifische Augen-Übungsprogramme.

Andererseits *kann* Koordinationstraining die Koordinationsprobleme des ha Kindes bessern. Die Koordinationsschwierigkeiten, an denen viele ha Kinder leiden, werden von diesen häufig als beschämend und demütigend empfunden. Vor allem gilt das für Jungen. Als Letzter gewählt zu werden, wenn beim Sport eine Mannschaft zusammengestellt wird, wegen seiner sportlichen Unzulänglichkeit gehänselt zu werden – das ist ein Schlag für die ohnehin auf schwachen Füßen stehende Selbstachtung des Jungen. Es gibt spezielle Kurse für physische Umschulung, in denen die Kinder durch motorische Aufgaben von zunehmendem Schwierigkeitsgrad spezifische Förderung erfahren. Unser Eindruck ist, daß solche Kurse manchmal die Koordination des Kindes verbessern und ganz allgemein sein Selbstvertrauen stützen. Wenn keine solchen Kurse zur Verfügung stehen, können die Eltern dem schlecht koordinierten ha Kind helfen, indem sie es zu körperlichen Aktivitäten anleiten, bei denen die feinere Koordination weniger ins Gewicht fallen soll. Wie erwähnt, haben viele ha Kinder besondere Probleme mit der Hand-Auge-Koordination, weshalb sie in Sportarten wie Tennis und Baseball am meisten behindert sind. Fußball oder Basketball, wo es mehr auf gröbere körperliche Bewegung ankommt, macht ihnen manchmal weniger Schwierigkeiten. Auch in Sportarten, welche die Kontrolle der langen Muskeln erfordern wie Laufen und Schwimmen, erreichen sie oft durchschnittliche bis ausgezeichnete Leistungen. Auch Judo scheint eine gute Sportart für das ha Kind zu sein. Selbst wenn es keine so guten

Fortschritte macht wie ein normales Kind, kann es Fertigkeiten erwerben, die ihm das bis dahin nie erlebte Gefühl geben, ein »starker Mensch« zu sein, was seine Selbstachtung sichtbar hebt.

Spezielle Probleme des hyperaktiven Adoleszenten

Werden die Probleme eines ha Kindes erst in seiner Adoleszenz erkannt, sollte man dessen eingedenk sein, daß dieser Jugendliche als Folge seiner HA-Jahre unglückliche Erlebnisse hinter sich hat. Ein weiteres Problem ergibt sich daraus, daß Kinder in diesem Alter zu rebellieren pflegen, auch ohne ha zu sein. Da sie zunehmend unabhängiger werden, hängt die Durchführbarkeit eines Behandlungsprogramms weitgehend von ihrer Bereitschaft zur Mitarbeit ab. Die besprochenen verhaltenstherapeutischen Techniken eignen sich sowieso eher für jüngere Kinder.

Auf der anderen Seite ist natürlich der Adoleszent besser in der Lage, die Grundlagen seiner Schwierigkeiten zu erkennen. Das kann die anderen Nachteile aufwiegen. Hier muß der Arzt meist mehr Zeit aufbringen, um mit dem Patienten allein oder zusammen mit der Familie zu sprechen. Ein ha Adoleszent mit schweren Lernproblemen befindet sich meist in einer kritischen Lage. Wenn er Jahre unter dem Wissensstand seiner Klassenkameraden steht, wird die Schule für ihn ein Alptraum sein. Es ist oft schwierig und manchmal unmöglich, ihn davon zu überzeugen, daß er nicht »blöd« ist. Wenn er überzeugt werden kann, daß seine Leseschwäche nichts mit mangelnder Intelligenz zu tun hat und daß er deshalb kein Trottel ist, ist schon die halbe Schlacht gewonnen. Die andere Hälfte ist allerdings schwieriger zu gewinnen. Er muß in ein Programm einbezogen werden, in dem seine Fähigkeiten ihm Gelegenheit geben, erfolgreich zu sein, und indem seine Schwächen ihm keine Strafen eintragen. Wenn die erreichbaren öffentlichen Schulen nicht beweglich genug sind, die Fähigkeiten auszuloten, in denen er mithalten kann, dann kann es wünschenswert werden, daß die Eltern eine Schule suchen, die mehr Möglichkeiten dazu bietet.

Diese Gruppe von Jugendlichen pflegt meist beträchtlichen Gewinn aus dem Einsatz von Tonbändern zu ziehen. Wenn Forscher und Eltern zu dem Schluß gelangen sollten, daß leseschwache Kinder Inhalte leichter aufnehmen, die ihnen durch Tonband angeboten werden, dann wäre der nächste Schritt der, die für die Lernmethoden Verantwortlichen davon zu überzeugen, diese Techniken auf breiterer Basis einzusetzen.

Zusammenfassung

Wir möchten die wichtigsten Punkte dieses Kapitels stichwortartig zusammenfassen.
1. Die meisten ha Kinder sprechen auf Medikation an. Bei *allen* muß ein Versuch mit Medikation gemacht werden, da es keine Möglichkeit gibt vorauszusagen, welche Kinder gut und welche nicht ansprechen. *Manchmal* genügt Medikation allein. Da die Medikamente verschreibungspflichtig sind, muß immer ein Arzt an der Behandlung eines ha Kindes beteiligt sein.
2. Eine Änderung der Beziehungen zwischen Eltern und ha Kind bringt fast immer Gewinn. Verständnis und die Aufstellung fester, konsistenter, genau umrissener, vorhersagbarer Regeln erweisen sich immer als nützlich. Fachkundige Hilfe ist dabei meist nicht nötig, doch kann bei manchen Gelegenheiten der Beistand eines Psychiaters, Psychologen oder Sozialfürsorgers ratsam sein.
3. *Manche* ha Kinder benötigen besondere schulische Hilfsmaßnahmen. Vielfach genügt Nachhilfeunterricht, in manchen Fällen ist Sonderschulbildung nötig.
Den meisten ha Kindern kann auf diese Weise geholfen werden, und zwar oft in ganz wesentlichem Ausmaß. Die geschilderten Maßnahmen helfen nicht nur, die gegenwärtigen Probleme der Kinder zu erleichtern, sondern vielfach auch, zukünftigen vorzubeugen.

Lernstörungen:
Beschreibung und Hilfemöglichkeiten

Lerngestört nennt man Kinder, welche Schwierigkeiten mit Lesen, Schreiben und Rechnen haben, obwohl sie mit durchschnittlicher Intelligenz begabt sind, keine psychiatrischen Krankheiten und keine Probleme in ihrer Umwelt haben, die für die Lernschwierigkeiten verantwortlich gemacht werden können. Aus bisher noch ungeklärten Gründen scheint das Gehirn des ls Kindes bei gewissen Aufgaben mangelhaft wahrzunehmen, zu verarbeiten und sich zu erinnern. Wenn ein Kind Probleme im Denken oder Wahrnehmen hat, die die Schularbeit nicht beeinträchtigen, so nennt man das nicht Lernstörung, obwohl die zugrundeliegende Schwierigkeit die gleiche sein mag. So ist z. B. Tontaubheit ein ähnliches Problem wie die LS. Kinder und Erwachsene mit Tontaubheit nehmen Musik im Vergleich zu anderen Menschen anders wahr und üben sie auch anders aus. Tontaube Personen sind nicht, wie die meisten anderen Menschen, imstande, einen Ton einigermaßen genau zu reproduzieren. Der Tontaube hat zwar ein normales Hörvermögen, aber er kann nicht feststellen, ob der Ton, den er mit seiner Stimme produziert, genau dieselbe Höhe hat wie der, den er hört. Der Tontaube hat große Schwierigkeit, beim Singen die Töne zu treffen und ein Instrument zu spielen, auf dem die Tonhöhen auf der Basis dessen gespielt werden müssen, was er hört, also nach seinem Gehör, wie z. B. bei einer Violine oder einer Posaune. Hier spricht man nicht von Lernstörung, da das in der Schule nicht verlangt wird.
Wenn tonrichtig singen oder ein Instrument spielen Pflichtfach wäre, würde man wahrscheinlich die tontauben Schüler als ls betrachten. Dieser Vergleich mit der Tontaubheit mag dem Leser helfen zu verstehen, was mit LS gemeint ist. Tontaube sind weder hirngeschädigt, noch ist etwas falsch mit ihrem Hörvermögen. Niemand würde auf die Idee kommen, Tontaubheit sei die Folge von Faulheit, schlechtem Schulunterricht oder ungenügender Motivation. Selbstverständlich wird ein Mensch, der kein Interesse an Musik hat, keine Anstren-

gungen unternehmen, auf eine bessere Treffsicherheit der Töne hinzuarbeiten. In diesem Sinn ist natürlich die Motivation eines Menschen abhängig von seiner Befähigung, das Problem zu überwinden. Natürlich hängt die zugrundeliegende Störung auf irgendeine Weise mit der Hirnfunktion zusammen, aber eine schwerere Störung wie eine Hirnschädigung liegt nicht vor.

Vieles, was wir über Tontaubheit gesagt haben, trifft auch auf die Lerngestörten zu, nur ist dieses Gebiet viel verwickelter wegen der Verschiedenartigkeit der Probleme der Wahrnehmung und des Denkens, die sich alle auf Lesen, Handschrift, Rechtschreiben und Rechnen auswirken. Im großen und ganzen wissen Forscher, die sich speziell mit der kindlichen Entwicklung befassen, noch sehr wenig über die Natur dieser Probleme.

Gerade weil die zugrundeliegende Funktionsstörung nicht bekannt ist, betrachtet man ein Kind dann als ls, wenn es in den Schulfächern sehr viel weniger leistet, als man von seiner Lernfähigkeit oder seinem Intelligenzgrad erwarten könnte. Man sollte also immer dann eine Lernstörung vermuten, wenn ein Kind beim Lesen, Rechtschreiben oder Rechnen nur entfernt das leistet, was man aufgrund seiner sonstigen Fähigkeiten von ihm erwarten könnte. Wenn ein Spezialist ein Kind mit Verdacht auf Lerngestörtheit untersucht, muß er auch den Intelligenzquotienten – das ist seine elementare Lernfähigkeit – untersuchen. Sodann prüft er, wie das Kind lesen, rechtschreiben und rechnen kann und wie seine Handschrift ist und vergleicht dann die Ergebnisse mit der zuvor getesteten grundlegenden Lernfähigkeit. Ein Kind mit einem durchschnittlichen Intelligenzquotienten, das unterdurchschnittliche Leistungen erbringt, ist verdächtig auf eine LS. Das gleiche gilt für ein überdurchschnittlich intelligentes Kind, dessen Leistungen nur durchschnittlich sind. Üblicherweise macht man sich über ein Kind mit einer durchschnittlichen Leistungsfähigkeit keine Sorgen, aber wenn sie viel niedriger liegt, als man auf der Basis seiner Intelligenz erwarten kann, mag es sich wohl um eine LS handeln. Eine solche kommt bei Kindern aller Intelligenzgrade vor, von den brillanten bis zu den leicht zurückgebliebenen. (Bei schwerer zurückgebliebenen ist es manchmal unmöglich, Intelligenzmangel von LS zu trennen.)

Die Frage, wann mangelnde Leistung als LS betrachtet werden soll, wird von den Experten noch debattiert. Üblicherweise wird eine solche Entscheidung etwas willkürlich gefällt, und zwar, wenn die Leistungsfähigkeit etwa 2 Jahre unter der aufgrund des Intelligenzgrades zu erwarten liegt. So erwartet man von einem 10jährigen Viertkläßler mit einem Intelligenzquotienten von 100, daß er wie ein Viertkläßler liest und rechnet. Tut er das aber nur auf dem Niveau eines Zweitkläßlers, würde man ihn ls nennen. Wird er dagegen auf dem Zweitklaß-Niveau lesen und auf dem Drittklaß-Niveau rechnen, kann man annehmen, daß seine Lernstörung vor allem im Bereich des Lesens liegt und daß seine Leseschwäche seine Leistungen in Mathematik beeinträchtigt. Um ein anderes Beispiel zu nehmen, stellen wir uns einen 10jährigen Viertkläßler mit einem Intelligenzquotienten von 90 vor. Hier sagen uns die Standard-Tabellen, daß sein Lese- und Rechen-Niveau der Mitte des 3. Schuljahres entsprechen sollte. Kann er nur auf dem Zweitklaß-Niveau lesen und rechnen, würde man ihn nicht als ls einstufen. Diese Tabellen können für Kinder ab der 3. Klasse, deren Leistung z. B. auf dem Niveau der 1. Klasse liegt, und darüber eingesetzt werden. Es liegt auf der Hand, daß sie bei jüngeren Kindern, die noch keine zwei Jahre zur Schule gehen, nicht anwendbar sein können, da Leistungstests auf dem üblichen Lehrstoff beruhen.

Der Leser mag hier nun fragen: »Gibt es außer den Lernstörungen nicht auch andere Probleme, die daran schuld sein könnten, daß Kinder in der Schule zu wenig leisten?« Obgleich die Antwort ganz offensichtlich »ja« ist, denken viele Fachleute, daß solch ein Leistungsrückstand von 2 Jahren selten auf etwas anderem als einer LS beruht, es sei denn, das Kind leidet an einer schweren gesundheitlichen Störung (wie im Falle eines Autismus oder einer Schizophrenie) oder es kommt aus schlechtesten häuslichen Verhältnissen.

Obwohl verminderte Leistungsfähigkeit der zuverlässigste Fingerzeig auf eine mögliche LS ist, gibt es auch andere Hinweise. Da gibt es die Kinder, die beim Lesen, Rechtschreiben und Rechnen charakteristische Fehler machen, die auch eine LS vermuten lassen können. Es gibt bis heute jedoch noch keine wissenschaftlich fundierte Methode, diese Fehler zuverlässig auszuwerten. Schlußfolgerungen sind immer noch subjektiver Natur und von der persönlichen Interpretation des Testers bestimmt.

Wir wollen im folgenden einige der Fehler kennenlernen, die wir bei ls Kindern antreffen und aus denen die Schwierigkeiten im Lesen, Rechtschreiben, Rechnen und in der Handschrift entspringen. Dabei soll man sich immer dessen bewußt sein, daß es eine Vielzahl verschiedener Lernstörungen gibt und daß ein bestimmtes Kind nur einige der hier beschriebenen aufweist. Es muß immer wieder darauf hingewiesen werden, daß Bereiche, in denen das eine ls Kind Schwierigkeiten aufweist, überhaupt kein Problem für ein anderes Kind darstellen müssen, dessen LS wiederum auf anderen Gebieten liegt. Der springende Punkt in dieser ganzen Erörterung ist es, die einem bestimmten – und nur diesem einen – Kind eigenen Stärken und Schwächen aufzuspüren. Die Kombination verschiedener Lernstörungen kann für jedes Kind anders sein.

Einige Kinder haben mehr Schwierigkeiten als andere, Buchstaben oder kurze Wörter auseinanderzuhalten, die sich nur durch eine verschiedene Stellung im Raum unterscheiden. Um ein »b« zu erkennen, muß man in der Lage sein, zu sehen, daß der Stab nach oben zeigt und der runde Teil nach rechts. Wie schon erwähnt, haben es kleine Kinder schwer, rechts und links zu unterscheiden. Und einige ha und ls Kinder brauchen länger dazu, diesen Unterschied zu begreifen. Wenn man rechts mit links oder oben mit unten verwechselt, kann man das »b« mit dem »p« oder »d« verwechseln oder ein »p« mit einem »q«. Wenn ein Kind den ersten mit dem letzten Buchstaben verwechselt, wird aus »ROT« ein »TOR«. Die ls Kinder scheinen manchmal Buchstaben und Wörter ohne Rücksicht auf ihre Orientierung im Raum zu sehen. Dies kann man sich leichter vorstellen, wenn wir uns erinnern, wie wir Gegenstände betrachten. Ein Stuhl ist ein Stuhl, ob er nun auf dem Kopf steht oder ob seine Lehne links oder rechts ist. Aber »b« und »TOR« sind nur »b« und »TOR«, wenn sie so und nicht anders im Raum stehen. Wenn man »b« umdreht, kann es zum »p« oder »d« werden und »TOR« zu »ROT«.

Die meisten sehr jungen Vorschulkinder scheinen die Buchstaben und Wörter so zu betrachten, als ob es Gegenstände wären, und darum scheint es für sie schwierig zu sein, Buchstaben zu unterscheiden, deren Erkennen davon abhängt, in welcher Richtung sie im Raum stehen. Mit ungefähr 6 Jahren beginnt ein Kind in der Regel wahrzunehmen, daß die Identität bestimmter Buchstaben oder Wörter von ihrer Orientierung im Raum abhängt. Diese Fähigkeit ist absolut notwendig, um bestimmte Buchstaben zu erkennen, und deshalb eine Vorbedingung für flüssiges Schreiben und Lesen. Das ls Kind entwickelt diese Fähigkeit offenbar viel langsamer. Dies fügt sich in unser schon erwähntes Konzept ein, daß sich ha Kinder in mancher Weise wie jüngere Kinder verhalten.

Dazu kommt, daß man – um flüssig lesen und schreiben zu können – in der Lage sein muß, Wörter auf einen Blick zu erkennen und sich zu erinnern, wie sie aussehen. Schneller lesen setzt also die Fähigkeit voraus, die Worte nur zu überfliegen, ohne Buchstabe für Buchstabe ablesen zu müssen. Umgekehrt muß man, um fehlerfrei schreiben zu können, bildlich vor sich sehen, wie das richtig geschriebene oder gedruckte Wort aussieht.

Ein normales Kind kann offenbar ganze Wörter wie Bilder im Geiste vor sich sehen. Lerngestörte können das oft nicht; sie müssen das Wort Buchstabe für Buchstabe erarbeiten, da sie es nicht sofort als Wortganzes zu erkennen vermögen. Für sie ist es außerdem schwierig, ein Bild von den im Wort aufeinander folgenden Buchstaben zurückzubehalten. So wird z. B. das Wort »graben« fälschlicherweise als »darben« gelesen. Zum Teil scheint dieser Fehler von einer Rechts-Links-Verwechslung zu stammen. Interessanterweise haben japanische Kinder, die in ihrer Traditionssprache lernen, in der es für jedes Wort ein eigenes Symbol gibt, diese Schwierigkeiten nicht, da ein japanisches Symbol keine andere Bedeutung hat, wenn man es von hinten her betrachtet.

Ein weiteres Problem für viele ls Kinder besteht darin, die Abfolge der Laute eines Wortes zu hören und diese Laute in der richtigen Reihenfolge im Gedächtnis zu behalten, Um z. B. nach der phonetischen Methode das Wort »stop« lautieren zu können, muß man die Laute »s«, »t«, »o« und »p« in der richtigen Reihenfolge behalten und sie dann zum Wort verschmelzen. Lerngestörte Kinder tun sich damit oft sehr schwer. Selbst wenn sie die einzelnen Laute und Buchstaben richtig erkannt haben, kann es passieren, daß sie, wenn sie beim »o« und »p« angelangt sind, die Reihenfolge »s« »t« schon wieder vergessen haben. Sie lesen oder schreiben eine durcheinandergewürfelte Version des Wortes, z. B. t-o-s-p »tosp«. Wahrscheinlich hängt das mit dem Gedächtnis zusammen, wie noch zu besprechen sein wird.

Solche Kinder haben es oft auch schwer, Laute innerhalb eines Wortes zu hören. Deshalb verwechseln sie z. B. »Bären« mit »Beeren«, »Seite« mit »Seide«, »lösen« mit »lesen«. Je ähnlicher die Laute klingen, desto leichter werden sie verwechselt, z. B. »Rat« mit »Rad«. Es ist naheliegend, daß es schwerfällt, bestimmte Laute mit bestimmten Bildern zu verbinden, wenn man die Laute verwechselt. Das nennt man oft eine auditive Unterscheidungsschwäche. Interessanterweise haben lerngestörte Kinder solche Schwierigkeiten nur beim Hören von Lauten im Zusammenhang mit Buchstaben oder Wörtern, aber überhaupt nicht beim Vernehmen aller anderen Arten von Lauten. Es scheint sich nicht um ein übliches Hörproblem zu handeln. Solche Kinder können auch sehr schwache Töne gut hören, nur ähnliche Laute können sie schwer unterscheiden, seien sie leise oder laut.

Kinder mit dieser Art von Lautier-Problem machen – außer daß sie falsche Buchstaben benutzen – noch weitere Fehler: 1) sie lassen Buchstaben aus, 2) sie fügen welche hinzu, die nicht hingehören, 3) sie ändern die Reihenfolge der Buchstaben.

Das sind einige der fundamentalen Probleme, die in Begleitung von Lese- und Rechtschreibeschwächen auftreten. Lehrer und Eltern sprechen dann von visuellen oder auditiven Wahrnehmungsstörungen. Kinder mit sogenannter *visueller* Störung können nach der *phonetischen* Lesemethode lernen, wenn es ihnen gelungen ist, die Hürde des Buchstabenlernens lautierend zu nehmen. Wenn sie nun auf ein Wort stoßen, das sie noch nie gesehen haben, sind sie jetzt in der Lage, es mittels Lautierens zu erlesen, aber es fehlt ihnen das visuelle Gedächtnis, die Erinnerung an das Wort-»Bild«.

Umgekehrt scheinen Kinder mit einer »auditiven Wahrnehmungsstörung« unfähig zu sein, die phonetische Technik des Lautierens neuer Wörter zu lernen. Wenn sie ein ihnen unbekanntes Wort sehen, können sie es nicht lautierend er-lesen. Sie haben aber manchmal ein sehr gutes visuelles Gedächtnis und können das lesen, was sie vorher schon öfter gesehen haben.

Die meisten ls Kinder haben weder eine rein visuelle noch eine rein auditive Wahrnehmungsstörung, sondern beide in verschieden starkem Ausmaß.

Das ls Kind hat oft auch Probleme mit seiner Handschrift. Es kann das Gesehene nicht präzise genug in die Handbewegungen übertragen, die nötig sind, um die gewünschte Form der Buchstaben zu erhalten (manche nennen das »visuomotorische Wahrnehmungsschwierigkeit«). Bei einigen Kindern scheint das von einer Koordinationsstörung der feinmotorischen Bewegung – der kleinen Handmuskeln, die den Stift führen – herzurühren. Manchmal kann aber ein solches Kind ohne Schwierigkeit Klavier spielen oder mit der Schreibmaschine schreiben, was wiederum zeigt, wie spezifisch die Probleme offenbar sind. Manchmal scheinen die Probleme der Handschrift mehr darin begründet zu sein, daß das Kind es schwer hat, die

Buchstaben zu unterscheiden. Mit anderen Worten, nicht eine mangelnde Feinabstimmung der Hand- und Fingerbewegungen spielt hier eine Rolle, sondern die Unfähigkeit, die feinen Unterschiede zwischen ähnlich geformten Buchstaben auszumachen. Was immer also die zugrundeliegende Ursache sei, was wir in der Regel sehen, sind langsame, vorsichtige Handbewegungen und Buchstaben, die nicht am rechten Platz stehen, von unterschiedlichster Größe und allerlei Formen.

Auf dem Gebiet des Rechnens begegnen wir oft folgenden Problemen: Zunächst die Kinder, die mit der Raumorientierung der Buchstaben Schwierigkeiten haben: Sie haben dasselbe Orientierungsproblem mit einer Rechenaufgabe. Sie können sich nicht merken, ob man einen Rechenvorgang von rechts oder von links her beginnt; oder sie wissen beim Abziehen nicht mehr, ob man die untere von der oberen oder die obere von der unteren Zahl abziehen muß. Wenn mehrere zu addierende Zahlen untereinanderstehen, beginnt der ls Schüler die Addition in der linken Kolonne. Auch beim Multiplizieren und Dividieren spielt ihm die mangelnde Raumorientierung, die Links-Rechts-Verwechslung, einen Streich, indem er in der falschen Richtung vorgeht oder die geliehenen und zu übertragenden Zahlen in die falsche Richtung verschiebt. Auch die Ziffern einer Zahl werden verwechselt, so daß aus »14« »41« wird.

Ein anderes Problem betrifft die mangelnde Abstraktionsfähigkeit, die für das Erlernen mathematischer Vorgänge nötig ist. Solche Kinder benutzen immer noch ihre Finger oder andere konkrete Zählhilfen. Man möchte meinen, das hinge mit Intelligenz zusammen. Dem scheint aber nicht so zu sein, denn Kinder, die in Mathematik über das Denken im Konkreten noch nicht hinausgekommen sind, besitzen oft eine hervorragende verbale Intelligenz, kombiniert mit der Fähigkeit, im Sprachbereich abstrakt zu denken.

Häufig sind all diese Probleme von einem sehr schlechten Gedächtnis begleitet. So kann z. B. ein Kind mit Schwierigkeit in der Raumorientierung der Buchstaben sich sehr anstrengen, einen bestimmten Buchstaben zu lernen – um ihn eine Stunde oder einen Tag später wieder vergessen zu haben. Das kann natürlich zu allen erwähnten Lernproblemen erschwerend hinzukommen, z. B. beim Erlernen der Bilder von Wörtern, des Einmaleins, der Teilungsregeln. Dabei kann das Gedächtnis auf anderen Gebieten wiederum hervorragend sein. So haben viele ls Kinder eine gute künstlerische Vorstellungsgabe, andere einen ausgeprägten Sinn für mechanische Zusammenhänge. Wiederum andere besitzen ein ausgezeichnetes Gedächtnis dafür, wie ein Gegenstand ausgesehen hat oder wie eine Maschine zusammengesetzt war, und können sich andererseits Buchstaben und Wörter nur mit Mühe merken. Das sind die Kinder, die auf einem Gebiet talentiert und auf einem anderen ausgesprochen schwach sind. Die Ursache des auf bestimmte Bereiche beschränkten schlechten Gedächtnisses ist noch nicht klar erkannt. Es könnte sein, daß es lediglich mit der Aufmerksamkeit zu tun hat. Wenn ein Kind einem Gegenstand seine Aufmerksamkeit nicht zuwendet, begreift es ihn auch nicht gut. Es kann sich aber auch um einen wirklichen Mangel im Sinne eines chemischen Ungleichgewichts handeln, das einigen Formen der HA zugrundeliegt.

Anfangs wiesen wir darauf hin, daß es keine guten standardisierten Tests gibt, die diese qualitativen Unterschiede aufzeigen. Ein Leistungstest zeigt ja die quantitative Seite des Problems, d. h. das Ausmaß der Unfähigkeit, indem er angibt, wie weit das Kind zurück ist. Er zeigt nicht auf, wie das Kind die Aufgabe durchführt. Die beste Möglichkeit, in die qualitativen Probleme Einsicht zu nehmen, besteht darin, die schulischen Arbeiten zu überprüfen, die das Kind bei der Untersuchung ausführen muß. Bei all den Problemen mit Buchstaben und Wörtern ist es eine gute Methode, nach typischen Fehlern zu fahnden, indem man ein vorher nicht geübtes Diktat schreiben läßt. Ein geübtes ist weniger wertvoll, weil wir ja wissen wollen, ob das Kind die Wörter einen Monat später auch noch richtig schreiben kann.

Auch das Lesen enthüllt für gewöhnlich die spezifischen Probleme. Beim Lesen spielt jedoch nicht nur das Entziffern der Wörter eine Rolle, sondern auch die Fähigkeit, hinter den Sinn des Gelesenen zu kommen. Das intelligente Kind wird die Worte in einem Satz, dessen Entzifferung ihm schwerfällt, aus dem Sinn des schon gelesenen Satzteils zu erraten versuchen. Wenn es z. B. den Satz liest »Der Bub ging am Ufer entlang«, und es kann »ging« nicht entziffern, dann bleiben naturgemäß nicht viele Möglichkeiten. Es könnte vielleicht »rannte« oder »lief« einfügen, aber nachdem das Wort mit »g« beginnen soll, bleibt fast nur »ging« übrig. Diese Technik eines Kindes führt mit der Zeit dazu, daß es besser liest als schreibt.

Zur Beurteilung der Handschrift genügt es, dem Kind etwas zu diktieren. Die zögernden, stockenden, langsamen Bemühungen sind nicht zu übersehen. Das Rechnen prüft man, indem man dem Kind Rechenaufgaben vorlegt, die es seinem Alter und der von ihm besuchten Klasse gemäß ausführen können müßte.

Im Umgang mit einem ls Kind ist es für Eltern und Lehrer sehr wichtig, die für dieses Kind einzigartige Kombination verschiedener Wahrnehmungsstörungen zu kennen, um sagen zu können, bei welchen Aufgaben Schwierigkeiten zu erwarten sind und bei welchen nicht. Wenn z. B. ein Kind keine Schwierigkeiten mit der Handschrift, aber beträchtliche mit seiner Rechtschreibung hat, wird ihm das Abschreiben immer noch Probleme machen, denn die Geschwindigkeit des Abschreibens wird natürlich durch gekonnte Orthographie erleichtert. Das Kind übernimmt dann ganze Wörter oder Satzteile, anstatt Buchstaben für Buchstaben zu übertragen. Falls man einem Kind mit einer sehr schlechten Handschrift die Möglichkeit geben will, sich an der Schreibmaschine zu versuchen, sollte man sich vorher überlegen, daß auch dazu die Fähigkeit zur Rechtschreibung und zum schnellen Lesen notwendig ist.

Es gibt noch andere Funktionsstörungen bei lerngestörten Kindern. So brauchen z. B. manche lange, die Uhr zu lernen. Es gelingt ihnen nur verspätet, Reihenfolgen zu lernen, z. B. die Tage der Woche oder die Reihe der Monate. Vielen ls Kindern fällt es schwer, mündlichen Anordnungen zu folgen, da sie die Reihenfolge der darin enthaltenen Einzelanweisungen nicht behalten können. Andere wiederum können sich sehr schlecht ausdrücken, besitzen aber große praktische Intelligenz, z. B. zur Aufklärung mechanischer oder struktureller Zusammenhänge. Solche Kinder drücken sich am besten ohne Worte aus und haben unter Umständen dauernd Probleme mit ihrem verbalen Ausdrucksvermögen. Viele ls Kinder begreifen die Grammatik nie und haben folglich allergrößte Schwierigkeiten beim Erlernen einer Fremdsprache. Auch hier sei wieder betont, daß all diese Funktionsstörungen von Kind zu Kind sehr verschieden sind und nur bei manchen lerngestörten Kindern zu beobachten.

Das jüngere Kind hat es meist schwer, von der Tafel abzuschreiben, weil das voraussetzt, daß man die entsprechende Stelle auf der Tafel leicht wiederfindet. Dazu muß man Satzeinheiten schnell aufnehmen und bis zum nächsten Blick auf die Tafel behalten können. Später, wenn diese Kinder einigermaßen lesen können, tun sie sich sehr schwer, durch Überfliegen eines Textes bestimmte Worte zu finden, mit denen Testfragen beantwortet werden sollen. Wenn solche Kin-

der Übungsbögen oder Testblätter ausfüllen müssen, wäre es am besten, ihnen den Inhalt vorzulesen. Werden sie älter, gelingt es ihnen durchaus, mit stillem Lesen den Inhalt zu verstehen. Sobald sie aber laut lesen sollen, wissen sie nicht mehr, was sie lesen. Wieder andere können sich mündlich sehr gut ausdrücken, versagen aber und verlieren den Zusammenhang, sobald sie das niederschreiben müssen. Viele ls Kinder haben emotionale und Verhaltensprobleme von der Art, wie wir sie bei den ha Kindern antreffen. Diese Kombination von Verhaltensproblemen mit LS ist verantwortlich für falsche Meinungen, die über ls Kinder herrschen. Die meisten ls Kinder sind leicht ablenkbar und können sich äußerst schwer konzentrieren, besonders bei schulischen Arbeiten. Oft gilt das aber auch für alle Arbeiten im Haus, ja sogar für Dinge, die ihnen Spaß bereiten. Das hat manchen dazu verleitet anzunehmen, die Kinder würden nicht lernen, weil sie ungenügend motiviert oder faul seien. Wenn wir jedoch das Verhalten vieler Lerngestörter genauer unter die Lupe nehmen, erkennen wir, daß sie sehr genau ins Verhaltensmuster des ha Kindes passen. Wie erinnerlich, umfaßt die Ansammlung von Verhaltensproblemen dieser Kinder – verglichen mit dem Durchschnittskind desselben Alters – exzessive Unruhe, Zappeligkeit, kurze Aufmerksamkeitsspanne, beträchtliche emotionelle Labilität, Schwierigkeiten, gewissen Regeln zu folgen, und schließlich Probleme im Umgang mit dem Nächsten wie Herumkommandieren anderer und ganz allgemein Stumpfsein sozialen Anforderungen gegenüber. Darüber hinaus ist das Kind oft äußerst impulsiv, ohne sich um die Folgen zu kümmern. All diese Verhaltensweisen sind typisch für das normale Kind einer niedrigeren Altersstufe.
Kinder mit diesem unreifen Verhaltensmuster haben deshalb natürlich Schwierigkeiten in der Schule. Das Arbeiten im Klassenzimmer ist schwieriger für ein Kind, das sich leicht ablenken läßt, sich schwer konzentrieren kann und impulsiv ist. Alle ha Kinder neigen zu ungenügenden Schulleistungen. Das Ausmaß an schwacher schulischer Leistung jedoch, das ihr ha Verhalten mit sich bringt, ist für gewöhnlich gering im Vergleich zu dem Leistungsmangel im Gefolge der Wahrnehmungsprobleme, unter denen das ls Kind leidet. Obzwar einige von ihnen nur wenige Verhaltensprobleme der HA aufweisen, hat doch die Mehrzahl sehr viele davon.
Lernstörungen und das Syndrom des ha Kindes sind beides Entwicklungsprobleme. Solche pflegen oft gruppiert aufzutreten, manchmal

zwei bis drei bei einem Kind. Hier, wo die LS von den Verhaltensproblemen der HA begleitet ist, halten wir es für wahrscheinlich, daß beide Problemkreise auf einer übergeordneten Störung in der biologischen Entwicklung beruhen.

Es ist auch wichtig, sich dessen bewußt zu sein, daß einige emotionelle Probleme auch von der Lernstörung selbst herrühren können. So beginnen fast alle dieser Kinder früher oder später, sich für dumm zu halten. Kinder, die im Grunde zur Selbsterkenntnis und Selbststeuerung fähig sind, werden angesichts ihrer Schwierigkeiten oft etwas deprimiert sein und dazu neigen, sich selbst gering zu schätzen. Kinder, die im Grunde nach außen lebend und von außen gesteuert sind, werden dagegen leicht zu Clowns und Aufschneidern. Sehr häufig werden ls Kinder hartnäckig negativistisch und äußerst bange, wenn sie etwas tun müssen auf einem Gebiet, auf dem sie sich – als Folge wiederholten Versagens – schwach wissen. Diese emotionellen Probleme sind anders als die des ha Kindes. Sie scheinen eindeutig mit der Art und Weise in Zusammenhang zu stehen, wie die Welt ls Kinder oft behandelt, und viele dieser Probleme ließen sich wahrscheinlich verhindern oder verringern, wenn wir mit diesen Kindern anders umgehen würden. Im Gegensatz dazu sind die emotionellen, mit der HA verbundenen Eigentümlichkeiten eher biologisch fundiert, und deshalb sprechen beide – diese emotionellen Probleme und die HA – weniger auf vorbeugende psychologische und erzieherische Maßnahmen an als auf eine im biologischen Bereich ansetzende Behandlung wie die Medikation.

Was geschieht mit den ls Kindern, wenn sie älter werden? Entwachsen sie ihren Problemen allmählich? Lernen sie letztlich richtig lesen, schreiben und rechnen? Die Antwort ist, daß diese Kinder mit dem Alter langsam besser werden, genauso, wie normale Kinder mit zunehmendem Alter ihre schulischen Arbeiten besser ausführen, aber daß sie doch länger als normale Kinder dazu brauchen, die für sie problematischen Fertigkeiten zu beherrschen. Wenn ihre Schwäche z. B. das Rechtschreiben ist, dann bessert sich das zwar, aber nicht im selben Ausmaß, wie es sich bei normalen Kindern im gleichen Zeitraum bessert. So wird es nach zwei Jahren einem ls Kind zwar gelungen sein, seine Rechtschreibfertigkeit zu steigern, allerdings nur um einen Zuwachs von etwa 1½ Jahren gegenüber vollen zwei Jahren beim normalen Kind. Deshalb sollten Eltern und Lehrer unbedingt wissen, daß die Kluft zwischen den Leistungen der ls und der normalen Kinder mit der Zeit etwas größer wird - *selbst bei Förderunterricht*. Das heißt, obgleich das ls Kind Fortschritte macht, bleibt es beim Älterwerden auf seinen schwachen Gebieten mehr und mehr zurück. Dies wurde auch in neueren Untersuchungen wiederholt bestätigt – eigentlich entmutigend. Zu einer realistischen Betrachtungsweise gehört, daß man dieser Entwicklung ins Auge sieht. Eltern und Lehrer neigen nämlich dazu, nur auf den Fortschritt des ls Kindes zu blicken und diesen nie mit dem zu vergleichen, den andere Kinder in der gleichen Zeit machen. Die vergleichsweise schwachen Leistungen des ls Kindes in gewissen Bereichen bedeuten jedoch nicht, daß es nicht andere Fertigkeiten erwerben kann. Darauf kommen wir später zurück.

Es gibt Kindergarten- und Erstklaßkinder, die zunächst der LS ähnliche Probleme zeigen, die aber dann mit ungefähr 8 Jahren schnell aufholen und die normale Entwicklungsstufe erreichen. Diese Kinder nennt man oft »Spätentwickler«. Es ist jedoch in einem solchen Fall ein Fehler, bei seinem Kind von vornherein die Hoffnung zu hegen, es sei nur ein Spätentwickler, denn in diese Gruppe gehören nur wenige der Kinder, die in diesem Alter Probleme haben, die überdies auch leichterer Natur sind.

Obgleich die meisten ls Kinder zu guter Letzt soweit Lesen, Schreiben und Rechnen lernen, um den durchschnittlichen Anforderungen des täglichen Lebens genügen zu können, bleiben die Probleme doch bis ins Erwachsenenalter bestehen. Die meisten Erwachsenen, die als Kinder ls waren, sind im Schreiben und Lesen immer noch schlechter als andere Erwachsene.

Man sollte immer daran denken, daß die Entwicklung sowohl normaler als auch ls Kinder in Sprüngen vor sich geht. Hier verhält sich die Entwicklung des Gehirns nicht anders als das allgemeine Körperwachstum. Auch hier kommt es, wie man weiß, zu plötzlichen Spurts in Gewicht oder Länge und anschließend oft zu einem monatelangen Stillstand – bis zum nächsten Sprung. Ähnlich kann es passieren, daß ein Kind einen bestimmten Begriff monatelang nicht lernen kann, um ihn dann plötzlich in kürzester Zeit zu erfassen. Diese normalen Sprünge und Verzögerungen sollte man nicht mit dem durch einen Förderunterricht verursachten Fortschritt verwechseln. Wenn das Kind z. B. gerade zu der Zeit einen solchen Entwicklungssprung macht, in der es Förderunterricht erhält, sollte man nicht einfach diesen Fortschritt der Schulungsmaßnahme zuschreiben.

Wie schon zu Beginn dieses Kapitels gesagt, wissen wir wenig über die der LS zugrundeliegenden Ursachen. Wir haben die LS als Entwicklungsproblem beschrieben, ohne viel über ihre Natur zu wissen. Da das Gehirn für eine normale Entwicklung verantwortlich ist, besteht berechtigter Grund zu der Vermutung, daß das Gehirn in gewisser Hinsicht mangelhaft arbeitet, wenn die intellektuelle Entwicklung nicht im normalen Zeitplan abläuft. Obwohl wir also über die Ursachen der LS nichts wissen, sind wir dennoch gewiß, daß nichts auf einen Hirnschaden hindeutet. Manche sagen, die »Verdrahtung sei falsch« oder bestimmte chemische Substanzen fehlten, aber auch dafür gibt es keine sicheren Beweise. Wir wissen zudem, daß bei den LS eine starke erbliche Komponente mit im Spiel ist. Wenn wir ein ls Kind sehen, hören wir in der Regel, daß ein enger Verwandter ähnliche Schwierigkeiten hatte.

Der Zusammenhang zwischen LS und Problemen während der Schwangerschaft und der Geburt, die die Gehirnentwicklung beeinflussen können, ist gering. In der Tat ist es so, daß die meisten Kinder, die schwierigen Schwangerschaften oder komplizierten Geburten entspringen, keine Anzeichen für LS aufweisen. Wir sind der Ansicht, daß Frühgeburt oder Sauerstoffmangel bei der Geburt keine LS verursachen, daß sie aber zur Entwicklung einer LS bei einem dafür anfälligen Kind beitragen *können*. Manchmal trifft man in einer Familie mit mehreren Kindern nur eines mit LS – während alle anderen in der Schule unproblematisch sind –, und bei diesem einen Kind war es während der Schwangerschaft der Mutter oder bei der Geburt zu Komplikationen gekommen, die durchaus für eine Beeinträchtigung der Gehirnentwicklung verantwortlich gemacht werden können. Wenn man sich jedoch die Familie genauer ansieht, hört man von leichteren Lernproblemen bei anderen Familienmitgliedern. Möglicherweise wurde hier eine angeborene Bereitschaft zu Lernstörungen nur bei dem Kind zur wirklichen Lernstörung, dessen Geburt nicht problemlos verlief.

Wo findet man Hilfe?

Wie erörtert, werden Probleme, die möglicherweise mit Hyperaktivität in Zusammenhang stehen, häufig zuerst in der Schule von Lehrern, Schulberatern und Psychologen erkannt, welche die Eltern darauf aufmerksam machen. Das Schulpersonal schreibt die Schwierigkeiten des Kindes vielleicht seiner Unreife, etwaigen Störungen seiner Wahrnehmungsfähigkeit oder der Situation im Elternhaus zu. Um sich über die tatsächliche Herkunft der Symptome des Kindes zu vergewissern, *müssen* die Eltern einen Arzt konsultieren, der auf dem gesamten Gebiet der Kinderheilkunde, sowohl was physische als auch was emotionale Anomalien angeht, gut ausgebildet und erfahren ist.

Wenn die Eltern nicht schon einen tüchtigen Arzt für das Kind haben und sich fragen, nach welchem Spezialisten sie sich umsehen sollen, wenden sie sich am besten an einen Facharzt für Kinderheilkunde oder an einen Facharzt für Kinder- und Jugendpsychiatrie.

Wenn man den Arzt konsultiert, sollten die Eltern bedenken, daß manche Kinderärzte wenig Übung im Umgang mit Verhaltensstörungen haben. Sie sollten ihn ohne Umschweife fragen, ob ihm Verhaltensprobleme vertraut sind, und wenn dies nicht der Fall ist, welchen Arzt er empfehlen könnte, der auf diesem Gebiet erfahrener ist.

Psychologen, die meist keine Ärzte sind, sind in der Regel mit dem Problemkreis weniger vertraut und dürfen außerdem nicht rezeptieren. Letzteres gilt auch für Erziehungsberater und Sozialfürsorger: Sie können bei allen zusätzlichen Familienproblemen wertvolle Hilfe leisten, aber sie können keine Medikation verordnen.

Aber auch die Eltern können die Diagnose des Arztes erleichtern. Sie sollten auf jeden Fall Schulzeugnisse mitbringen und Berichte psychologischer Tests, die etwa vorgenommen wurden. Dann sollten sie gründlich darüber nachdenken, welche Schwierigkeiten das Kind auf jeder Altersstufe hatte, wie diese zu Problemen innerhalb der Familie jeweils in Beziehung standen und welche Ereignisse oder Einstellungen günstigen bzw. ungünstigen Einfluß gehabt haben könnten. Die auf diese Weise gesammelte Information wird die Aufgabe des Arztes sehr erleichtern.

Sie sollten auch fragen, ob der Arzt in der Behandlung von Kindern Medikamente verwendet. Diese Frage ist notwendig, weil nicht alle Ärzte von der Medikation Gebrauch machen. Manche lehnen sie grundsätzlich ab, weil sie glauben, alle Verhaltensprobleme hätten psychische Ursachen. Andere, vor allem Psychiater für Erwachsene, haben keine Erfahrung in der medikamentösen Behandlung von Kindern.

Es ist manchmal schwierig, den Arzt zu fragen, *wie* er Kinder behandelt. Die Ärzte neigen – durchaus zu Recht – zu Argwohn gegenüber Patienten, die sich nach der Art der bei ihnen in Aussicht genommenen Behandlung erkundigen, und dies aus verschiedenen Gründen. Erstens sind die Ärzte allgemein von Patienten belagert, die in populären Zeitschriften blumige Berichte über »Wundermittel« gelesen haben und nun eine Behandlung mit Medikamenten verlangen, die oft noch zu wenig erprobt sind oder kolossal überschätzt werden. Zweitens sind die meisten Ärzte verständlicherweise der Meinung, daß nicht der Patient die Behandlung vorschlagen sollte. Kein vernünftiger Arzt würde eine Gallenblase herausoperieren, nur weil der Patient es verlangt. Schließlich, und das ist am wichtigsten: Die Ärzte sind aus Erfahrung mißtrauisch gegen Patienten, die mit ihren Leiden von einem Arzt zum anderen hausieren gehen. Sie wissen, daß viele Menschen die Wahrheit über ihre Krankheit und die Behandlung nicht hören wollen und so lange suchen, bis sie einen Arzt finden, der ihnen sagt, was sie zu hören wünschen. Manche Eltern hoffen, daß der Arzt ihnen sagt, das Problem sei einzig und allein das des Kindes. Sie sind nicht gewillt zuzugeben, daß das Problem in der Beziehung zwischen ihnen und dem Kind oder zwischen einem Elternteil und dem Kind wurzelt. Solche Eltern werden nach einem Arzt suchen, der mit ihnen darin übereinstimmt, daß die Störung nur am und im Kind liegt. Deshalb schöpfen viele Ärzte Verdacht, wenn Eltern Behandlung ausschließlich für das Kind wünschen. Aber in unserem Fall ist der springende Punkt, daß es keine ausreichende Behandlung für ein ha Kind ist, wenn die Eltern sich ihrer persönlichen Schwierigkeiten bewußt werden, obwohl sich dies für fast alle ha Kinder günstig auswirkt. Die Eltern müssen sich vergewissern, daß der Arzt willens ist, die Probleme des Kindes, also die konstitutionel-

len Anomalien, ebenso zu behandeln wie die Schwierigkeiten zwischen Kind und Eltern.
Die Eltern sollen also in diesem Fall bei der Arztwahl in einer Weise vorgehen, die sonst nicht gebräuchlich ist. Die meisten gut ausgebildeten Ärzte befinden sich bezüglich der Behandlung fast aller Leiden in recht enger Übereinstimmung. Im Bereich der Psychiatrie dagegen sollte man, da es viel weniger Übereinstimmung und kaum *Beweise* für die Wirksamkeit verschiedener Behandlungsformen gibt, jeden Arzt, der Anspruch auf Gewißheit erhebt, mit einigem Mißtrauen betrachten. Manche Psychiater bevorzugen Medikation, manche individuelle Psychotherapie, manche Gruppenpsychotherapie, andere verschiedene Kombinationen davon. Viele Psychiater sind flexibel und verwenden bei verschiedenen Patienten verschiedene Methoden oder bei ein und demselben Patienten mehrfach kombinierte Methoden. Andere beschränken sich auf eine Methode oder auf eine Kategorie von Patienten. Offensichtlich brauchen die Eltern aber einen Arzt, der nicht nur einer einzigen Methode verpflichtet ist. Wenn der Arzt nie Medikamente verordnet, ist er nicht der richtige. Deshalb müssen sich die Eltern die Freiheit nehmen, den Arzt zu fragen, ob er Medikamente bei der Behandlung von Kindern einsetzt. Ist er *prinzipiell* dagegen, dann ist er kein unvoreingenommener Vertreter seines Faches. Verwendet er Medikamente selten oder ist er der Ansicht, daß sie selten nötig sind, so ist er wahrscheinlich einer Theorie verhaftet, welche die meisten Verhaltensstörungen auf psychische Ursachen zurückführt, und auch er sollte deshalb ein ha Kind nicht behandeln. Ein solcher Arzt würde uns zweifellos heftig widersprechen und behaupten, daß wir auf dem falschen Weg seien. Wir würden ihm erwidern, daß er verhältnismäßig wenig Erfahrung in der medikamentösen Behandlung von ha Kindern habe und deshalb nicht in der Lage sei, ihren Nutzen zu beurteilen.
In jedem Fall sollten die Eltern an gewissen Grundsätzen festhalten, die bei *jeder* Konsultation eines Arztes anzuwenden sind. Erstens ist es durchaus in Ordnung, sich zu erkundigen, wie lange die Behandlung dauern wird. Zweitens ist es richtig, eine Beurteilung eines anderen Arztes zu verlangen. Drittens sollte, wenn die verordnete Behandlung – medikamentös oder psychologisch – nach einer angemessenen Zeitspanne, von, sagen wir, sechs Monaten, noch nicht gewirkt hat, auf jeden Fall ein zweiter Arzt hinzugezogen werden. Viertens sollte man sich darüber klar sein, daß nicht alle Probleme bei al-

len Menschen, Erwachsenen oder Kindern, lösbar sind. Psychologische Behandlung hilft nicht bei allen Menschen, deren Leiden psychischen Ursprungs sind, und Medikamente helfen nicht bei allen, deren Probleme organisch bedingt sind. Aber in jedem Fall sollten die Eltern einen der ältesten medizinischen Grundsätze befolgen: Wenn die begonnene Behandlung hilft, bleibe man bei ihr. Hilft sie nicht, versuche man etwas anderes.

In keinem Lebensbereich gibt es für große Probleme vollkommene Lösungen, aber immer gibt es bessere und schlechtere Methoden. Ziel dieses Buches war, die besseren Methoden für die Behandlung hyperaktiver Kinder aufzuzeigen, die heute zur Verfügung stehen.

Wer hilft bei Lernstörungen (einschließlich Legasthenie)?

Die hier aufgeführten Stellen können Auskunft geben über örtliche Einrichtungen, Privatpraxen von Psychologen etc.:

Bundesverband Legasthenie (mit seinen Landes- und Kreisverbänden) Am Bolt 25, 4460 Nordhorn

Berufsverband Deutscher Psychologen e. V., Freiherr-von-Stein-Str. 48, 6000 Frankfurt a. M. 1

Spitzenverbände der Wohlfahrt (mit ihrem bundesweiten Netz von Beratungs- und Therapieeinrichtungen)
– Deutscher Caritasverband e.V., Postfach 420, 7800 Freiburg i.Br.
– Diakonisches Werk der Evangelischen Kirche in Deutschland, Stafflenbergstr. 76, 7000 Stuttgart 1
– Arbeiterwohlfahrt Bundesverband, Ollenhauerallee 5, 5300 Bonn 1
– Deutscher Paritätischer Wohlfahrtsverband, Wilh. Polligkeit-Institut, Heinrich-Hoffmann-Str. 3, 6000 Frankfurt 71

Es gibt viele andere Vereinigungen, die helfen, und über Telefonbuch, Ärzte, Lehrer, Psychologen, örtliche Beratungsstellen, Fachschriften usw. zu erfahren sind. Beispiele:
a) Arbeitskreis Legasthenie, Menzinger Str. 139, 8000 München 50
b) Landesarbeitsgemeinschaft Arzt Lehrer, Bavariaring 37, 8000 München 2
c) Arbeitskreis Grundschule, Schloßstr. 29, Postfach 900148, 6000 Frankfurt 90
d) Arbeitskreis Legasthenie im Engl. Seminar der Universität Kiel, Olshausenstr. 40–60, 2300 Kiel

Schulen und Schulämter: Klassenlehrer – Rektor – Schulreferate auf Stadt-, Kreis-, Regierungsbezirks- und Landesebene (Kultusministerien; bei letzteren können die Länder-Erlasse angefordert werden, d.h. die gesetzlichen Richtlinien über besondere Fördermöglichkeiten), Volkshochschulen
Erziehungsberatungsstellen der Städte, Gemeinden und Landkreise

Bundesarbeitsgemeinschaft »Hilfe für Behinderte«, Kirchfeldstr. 149, 4000 Düsseldorf